동물실험 후 안락사 직전 구조되다
실험 쥐 구름과 별

나의 쥔님 구름과 별
그리고 모래와 먼지에게

저자 서문

나는 실험 쥐의 반려인이다

생후 6주가량 된 래트 두 마리를 입양했다. 건강에 크게 영향을 끼치지 않는 간단한 약물검사만 마친 실험동물이어서 사는 데에는 지장이 없다고 했다. 이름은 구름과 별로 지었다. 래트는 흔히 실험 쥐로 사용되는데 개체별로 차이는 있지만 쥐과 중에서도 온순하다고 알려져 있다. 하지만 실험실에서 온 아이들은 죽는 날까지 사람에 대한 경계심을 늦추지 않아 병원에 데려가는 일조차 쉽지 않았다.

실험실에서 구조된 래트를 입양한 지 1년여 후에 일반 가정에서 번식된 래트 두 마리를 더 입양했다. 구름과 별을 키우면서 래트에게 애정이 생겼고 호기심도 일었다. 래트가 정말 온

구름과 별

먼지   모래

순한 동물인지 궁금했다. 듣던 대로 새로 온 아이들은 실험실에서 온 아이들과 달리 온순하기 그지없었다. 아, 래트는 원래 이런 동물이구나 싶었다.

그때부터였다. 실험 쥐와 집쥐의 극명한 대비에 마음을 쓰게 된 것이…. 실험실에서 힘들었던 기억이 래트에게 나쁜 영향을 끼친 게 아닐까 생각하게 된 것이…. 물론 나는 전문가가 아니므로 단정 지을 수는 없다. 또한 목소리가 큰 사람도 아니고 무슨 주의자도 아니므로 무언가를 주장할 마음도 없다. 다만, 이제는 종양으로 세상을 떠난 나의 실험 쥐들을 기리며 한 명의 관찰자로서 경험자로서 보고 느낀 바를 담담하게 전할 수 있지 않을까 싶었다. 나는 아이들의 반려인이었으니까.

아이들과 함께한 2년은 다른 반려동물과의 삶이 그렇듯 일상의 소소한 에피소드로 점철되어 있다. 문득문득 실험 쥐라서 그런가 싶을 때도 있었지만 그래도 시시각각 그 사실을 곱씹지는 않았다. 성격이 조금 까칠하긴 했지만 구름과 별은 한없이 사랑스러웠다. 그러니 실험동물이어서 벌어진 특별한 사건만을 기대하고 이 책을 펼친다면 실망할지 모르겠다.

아이들을 만난 이후로 실험동물 이야기를 들으면 마음이 선득해지곤 한다. 쥐 실험을 통해 암 발생 확률이 높음을 입증했네 어쩌네 하는 이야기들. 그런 이야기들을 결코 예사로 흘려들을 수 없게 되었다. 아무쪼록 세상의 모든 실험실의 쥐에게 '쥐의 신'의 가호가 있기를! 그리고 구름, 별과 함께 실험실을 빠져 나온 18마리의 래트들도 모두 건강하게 잘살았기를 바란다.

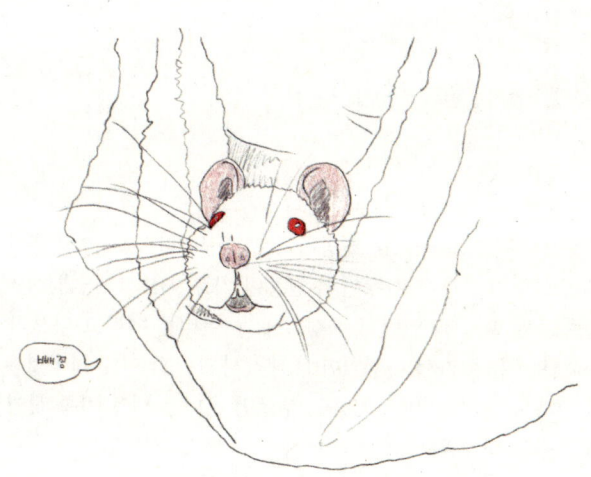

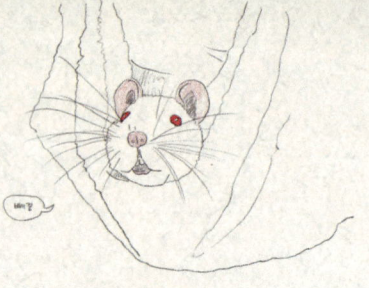

차례

저자 서문 나는 실험 쥐의 반려인이다

실험실에서 구조된 래트를 입양하기로 결심하다 ● 래트의 존재 이유는 동물실험인가 ● 라따뚜이 주인공이 바로 래트 ● 거대 쥐의 매력 포인트는 긴 꼬리 ● 안락사 예정일에 두 마리를 데리고 나오다 ● 중성화수술 ● 흰 쥐라서 다행이다 ● 생각지도 못한 거대 케이지 ● 좁은 방에 케이지 구겨 넣기 ● 이름을 부르면 온다는 래트 이름 짓기 ● 꼬리에 그려진 세 줄의 표시 ● 이름 따위, 래트를 래트답게 ● 좋은 집에서 사랑받고 크는 애들 같지 않아? ● 어둠 속에 울려 퍼지는 쇳소리 ● 씩씩하게 잘 놀면 그걸로 됐다 ● 내게도 모실 주인님이 생겼다 ● 사고가 터졌다 ● 실험실 출신이라서 그런 거냐 ● 우리 아이들이 너무 잘 먹어요 ● 세상의 많은 맛들을 맛보게 하고 싶다 ● 간식은 입맛에 좀 맞으신지 ● 탈출 소동 ● 싱크대 밑이 마음의 고향이니? ● 병 안에 든 쥐 ● 피눈물 목욕 ● 죄는 미워하되 쥐는 미워하지 말자 ● 다시 갈

은 공간에서 함께 살다 ● 쥐에게는 쥐구멍이 필요하다 ● 오줌 테러 ● 실험실 밖에 또 다른 실험실이 ● 아가 래트 입양 ● 파양되는 래트는 우리 아이들 동기일까? ● 애정을 나눈다는 것 ● 래트 액체설 ● 두 동의 아파트가 들어서다 ● 아이들에게 나는 ● 집쥐는 실험 쥐를 만나러 간다 ● 데칼코마니 ● 래트는 심심하지도 않나 ● 오밀조밀 쫀쫀한 분홍색 발볼록살 ● 신뢰의 무게를 손바닥 위에 ● 쥐는 고양이와 동급이다 ● 성장의 무게 ● 겨드랑이 밑에 작은 혹이 ● 뭐가 잘못이었을까 ● 3층 집에서 단층집으로 이사 ● 앞으로 남아 있을 삶과 수술 후 주어질 삶 ● 안락사를 시키는 게 좋을지도 몰라 ● 2년 만에 다시 세상 밖으로 ● 죽은 아이들을 위한 자리는 어디에 있나 ● 생의 주기가 다른 존재와 함께 산다는 것 ● 변함없이 같은 자리에서 조용히 꾸준하게

실험용 래트 20마리 구조 일지_김보경 ● 132
그 후, 20마리 래트는 어떻게 살았을까? ● 140
실험동물 입양이 확대되어야 하는 이유_김정희 ● 150

실험실에서 구조된 래트를
입양하기로 결심하다

● 늘 강아지나 고양이를 키우고 싶었다. 하지만 엄마 집에 얹혀살고 있기에 함부로 큰 동물을 들일 수는 없었다. 어렸을 때는 언젠가 독립하여 동물과 사는 날이 올 거라고 굳게 믿었다. 그러나 어른이 된다고 저절로 독립이 되는 것은 아니었다.

방에서 키울 수 있는 작은 동물을 키우기 시작했다. 처음에는 열대어. 반 자짜리 어항에 열 마리를 키우다 보니 어느새 크고 작은 어항이 세 개로 늘어났다. 놔두면 저희들끼리 무한정 번식하는 구피부터, 꼬리지느러미가 화려한 베타, 생각보다 오래 사는 혈앵무까지. 번갈아 가며 물갈이를 해 주느라 우왕좌왕하다가 물고기에 대한 짝사랑이 허무해져 마지막 물고기를 물고기별로 떠나보낸 후 6년간의 물 생활을 접었다. 눈에는 보이는데 만질 수 없는 현실을 끝내 극복하지 못했다.

다음으로 키운 것은 햄스터. 1대 푸딩햄스터, 2대 펄햄스터를 거쳐 3대 로보로스키햄스터 형제까지. 햄스터 수명이 짧다 보니 한 마리가 떠나면 다른 한 마리 하는 식으로 연달아 네 마리를 키웠다. 이렇게 또 6년가량을 햄스터 뒷바라지로 보냈다.

어느 순간, 물고기와 달리 만질 수 있지만 이 역시 허무한 짝사랑이라는 회의가 밀려오기 시작했다. 만질 수 있고 없고의 문제가 아님을 깨달았다. 애초에 물고기나 햄스터에게서 인간과 오래 살아온 강아지나 고양이와 같은 유대를 바란 게 잘못이었다.

그러던 어느 밤, 구조된 래트 20마리의 입양처를 찾는다는 글을 보게 되었다. 실험실에서 동물실험 후 안락사하려는 걸 구조했다는 내용이었다. 블로그 이웃의 새 글이었다. 그 글은 현재 인기 있는 포스트가 무작위로 뜨는 란에 떠 있었고, 각종 소셜미디어로 옮겨지며 화제가 되고 있었다.

햄스터를 키워 봤기에 래트도 잘 키울 수 있을 것 같았다. 마침 햄스터 중에서도 큰 골든햄스터를 키워 볼까 고민하던 참이

기도 했다. 솔직히 래트가 어떤 동물인지 잘 몰랐다. 그런 동물이 있다는 사실조차 몰랐다. 하지만 골든햄스터 대신 래트여도 괜찮을 것 같았다. 어쨌든 둘 다 쥐니까, 이왕이면 안락사될지도 모르는 쥐를 키우는 게 낫지 않을까. 쥐라면 익숙했다. 더 큰 쥐와는 더 큰 유대를 쌓을 수 있을지도 모른다고 생각했던 것 같다. 유대에 대한 갈증에 몸부림치듯 나는 그중 2마리를 입양하기로 결심했다.

래트의 존재 이유는
동물실험인가

● 덜컥 래트를 입양하기로 했지만 나는 그들에 대해 아는 게 없었다. 공부가 필요했다.

실험 쥐는 근친교배, 폐쇄교배 등의 유전자 통제를 통해 유전적 형질을 균일하게 만든 개체라고 했다. 실험 성적에 유전적 요인이 큰 영향을 미치므로 실험의 재현성을 높이기 위해 유전자의 균일성을 높인 개체였다. 환경적 요인도 실험 성적을 크게 좌우하니 개체의 품질을 유지하기 위해서 무균상태에서 멸균사료를 먹여

사육한다고 했다. 즉, 족보가 꼬인 막장 쥐 일가가 같은 환경에서 같은 사료를 먹고 자란다는 뜻이었다.♦

어쩌다가 쥐가 동물실험에 많이 쓰이게 되었을까. 2020년 우리나라에서 1년간 사용된 실험동물은 약 414만 마리, 그중 85퍼센트인 약 351만 마리가 마우스, 래트 등 설치류다. 쥐의 유전자 수는 인간과 비슷한 약 3만 개로 밝혀졌다. 게다가 쥐와 사람의 질병 관련 유전자가 90퍼센트 동일하기 때문에 인간을 실험에 직접 투입할 수 없는 상황에서 쥐는 인간을 대신하기에 아주 좋은 조건을 갖춘 셈이다. 이런 이유로 오늘날 설치류는 실험동물의 대부분을 차지하며, 대표적인 난치병인 암을 비롯해 고혈압, 우울증, 치매, 노화 분야 등에서 맹활약 중이다.

그렇다면 설치류의 존재 이유는 오로지 동물실험인가? 그럴 리가 없기에 괜히 숙연해졌다.

♦ 실험의 종류에 따라 무균상태에서 멸균사료를 먹는 경우도 있고, 무균 처리가 되지 않은 동일한 좁은 케이지에서 동일한 사료를 먹고 자라기도 한다. 따라서 유전자조작을 통해 특정 질병이 더 잘 발현되는 족보가 더 꼬인 일가가 나타난다._감수자 주

라따뚜이 주인공이
바로 래트

● 나처럼 관심을 가진 사람이 많았는지 다행히 래트의 입양처는 하룻밤 사이에 전부 정해졌다. 소셜미디어의 힘은 대단했다.

그런데 래트가 그저 쥐라고 생각했던 나는 래트^{rat}가 마우스^{mouse}랑 다르다는 말에 놀랐다. 찾아보니 래트와 마우스는 둘 다 쥐목 쥐과의 포유류지만 몸의 크기와 생태, 습성 등이 조금 달랐다. 우리말로 래트는 시궁쥐, 마우스는 생쥐라고 한다.

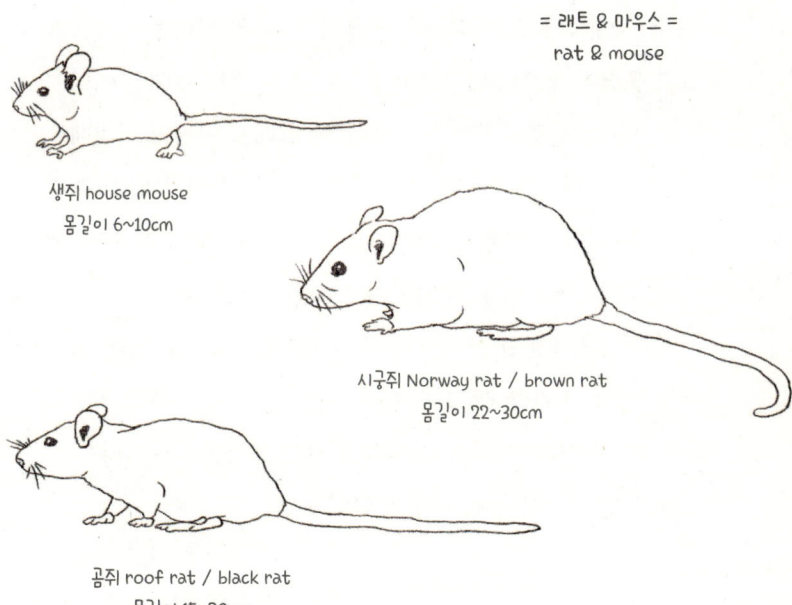

= 래트 & 마우스 =
rat & mouse

생쥐 house mouse
몸길이 6~10cm

시궁쥐 Norway rat / brown rat
몸길이 22~30cm

곰쥐 roof rat / black rat
몸길이 15~20cm

생김새도 다르다. 마우스는 귓바퀴가 크고 둥글어서 상대적으로 머리가 작아 보이는데, 래트는 귀가 작아서 머리가 상대적으로 커 보인다. 몸길이가 마우스는 6~10센티미터, 래트는 22~30센티미터까지 자란다. 래트가 마우스보다 2~3배는 큰 셈이다.

마우스와 래트는 다른 종류지만 슬프게도 실험동물로 많이 쓰인다는 점은 같다. 하얗고 눈이 빨간 알비노 품종은 실험용으로 양식된 백색 변종이다. 이들은 파충류를 애완동물로 키우는 사람들에게 파충류의 먹이로도 팔리고 있다.

알고 보니 그간 내가 쥐라고 알고 있던 것들이 사실 모두 같은 쥐가 아니었다. 애니메이션 〈톰과 제리〉의 제리는 귓바퀴가 크고 몸집이 작으니 마우스가 분명하다. 디즈니의 대표 캐릭터 미키마우스도 귓바퀴가 크니 마우스. 그래서 이름이 미키래트가 아니라 미키마우스였구나. 애니메이션 〈라따뚜이〉의 주인공인 쥐 레미는 몸통이 길쭉하니 의심할 여지없이 래트다. 해리포터 시리즈에서 론이 키우는 쥐 스캐버스도 래트.

근데 생김새뿐만 아니라 성격도 래트와 마우스는 많이 다르다고 했다. 온순한 래트에 비해 마우스는 다소 사나워서 실험자를 긴장시키기도 한다고. 덩치는 크고 성격은 온순하다는 래트에 대한 기대가 점점 커지고 있었다.

거대 쥐의 매력 포인트는
긴 꼬리

● 래트는 햄스터보다 많이 크고 골든햄스터보다 조금 더 크다고 알고 있었는데 다 자라면 30센티미터 가까이 된다는 설명에 걱정이 시작됐다. 우리 집에서 큰 동물은 암묵적으로 금지되어 있었기 때문이다. 햄스터보다 큰 동물과 살아본 적이 없어서 어느 정도인지 가늠이 되지도 않았다. 30센티미터 자를 떠올려 보았으나 딱히 와닿지 않았다.

무엇보다 30센티미터가 몸통만인지 꼬리까지 포함한 길이인지 미지수였다. 설마 꼬리는 별도겠어? 그런데 설마가 맞아서 꼬리는 미포함이란다. 몸통과 맞먹는 꼬리라니. 그렇다면 래트의 실제 길이가 약 60센티미터라고? 어마어마한 거대 쥐가 아닌가!

하지만 래트는 보통 몸을 웅크리고 있기 때문에 실제로는 많이 커 보이지 않는다고 설명되어 있었다. 하긴 꼬리는 필요에 따라 언제든지 안테나처럼 접어 몸통 옆에 놓아둘 수 있으니 부피를 많이 차지하지 않을 것이다. 너무 클까 봐 걱정이었는데 그나마 다행이었다. 너무 커서 엄마가 놀랄까 봐 전전긍긍이었다.

꼬리는 몸의 균형을 잡는 데 쓰인다고 했다. 대부분의 동물이 그렇다. 특히 설 때면 꼬리를 곧게 펴서 몸을 받친다. 그런데 래트 꼬리에 거부감을 가진 사람들이 있어서 분양 전에 꼬리를 자르고 팔기도 했다고 한다. 인간의 잔인함이란 언제나 상상을 초월한다. 꼬리가 싫으면 래트를 키우지 않는 게 상식 아닌가.

그런데 함께 살아보니 래트의 매력 포인트는 단연코 긴 꼬리다.

안락사 예정일에
두 마리를 데리고 나오다

● 입양받을 래트에 대해 이런저런 상상을 부풀리고 있는데 입양일이 확정되었다. 실험 쥐

 20마리의 안락사가 예정된 날이었다. 바로 데리고 나가지 않으면 안락사를 할 거라는 갑작스러운 통보에 일이 급하게 진행되었다. 실험실 측에서 래트 반출에 호의적이지 않았던 모양이다.

 래트 20마리가 어떤 실험에 쓰였는지 아직도 자세히 모른다. 내가 아는 것이라곤 사는 데 지장이 없을 정도의 가벼운 약물실험이었다는 것. 실험 후 안락사가 원칙이지만 살 수 있는 동물을 안락사시키는 것에 제동을 건 한 동물실험윤리위원이 있어서 가능해진 일이었다.

 안락사를 앞두고 구사일생으로 구조된 래트의 나이는 생후 6주 내외. 너무 어린 아이들에게 실험을 했다고 생각했는데 래트는 일반적으로 생후 3주에 젖을 떼기 때문에 실험이 가능하다고 한다. 아이들이 어떤 실험을 받았는지 궁금했지만 끝내

묻지 못했다. 실험 내용은 비밀이어서 아마 물어보았어도 대답을 듣지 못했을 것이다.

시간은 착착 흘러 드디어 안락사 예정일. 급히 잡힌 입양일에 나는 서울 모처의 실험실로 한달음에 달려갔다. 비가 추적추적 내리는 한여름 날이었다. 실험실은 보안이 철저해서 정문에 신분증을 맡기고 들어가야 했는데 정작 날짜에 맞추어 온 사람은 나 하나뿐이었다. 일정이 갑자기 평일 낮으로 잡히는 바람에 다른 입양자들은 올 수 없었던 모양이다. 입양자 중에는 지방에 거주하는 사람들도 있었다.

사전에 아무런 정보도 주어지지 않았기에 어떤 아이들일지 내내 궁금했다. 마침내 만나 보니 나를 기다리고 있었던 아이들은 모두 알비노 래트였다. 하얀 털에 빨간 눈을 가진 쥐. 종종 사진이나 영상(주로 뉴스나 다큐멘터리)으로는 보았지만 실제로 보는 것은 처음이었다. 햄스터보다는 토끼에 가깝다더니 정말 크기가 꽤 컸다.

실험실 앞은 래트를 옮기는 일로 분주했기에 래트를 감상하며 마냥 넋을 놓고 있을 수 없었다. 어서 아이들을 데려와 조금이라도 일손을 덜어 주고 싶었다. 애초에 아이들을 실험실에서 데리고 나오는 날에 맞추어 간 것도 그 때문이었다. 나는 준비해 간 햄스터 케이지에 봉사자들이 옮겨 주는 대로 얼른 두 마리를 받아 넣었다. 두 아이는 심기가 불편한지 안 들어가겠다고 버티다가 속절없이 케이지 속으로 밀려들어 갔다.

건물 앞에는 똑같이 생긴 래트 18마리가 여러 케이지에 옮겨져 뭉쳐 있었다. 실험을 당한 아이들이라고 생각하니 짠하고 미안한 마음에 그쪽을 똑바로 쳐다보기가 힘들었다. 그래서 다른 아이들의 모습은 뭉쳐서 우글거리는 잔상으로만 남아 있다.

이 풍경을 지켜보면서 옆에 서 있던 실험실 연구원들이 우려 섞인 소리를 했다.

"냄새가 엄청나게 날 텐데 괜찮겠어요?"

"얘네 데려가서 뭘 어쩌려고 이런대. 하루만 물을 못 먹어도 난리인 애들인데."

멀쩡한 동물을 죽이는 것보다는 훨씬 낫다고 생각했다. 아무리 쥐라고 해도.

나를 비롯해서 세상에는 이것도 반려동물이 될 수 있을까 싶은 비주류 동물을 키우는 사람들이 많다. 하루 만에 20마리의 입양자가 모두 나타났다는 게 그 증거다. 다들 어서 반려인 곁에 도착하길 바라며 나는 실험실을 뒤로했다.

중성화 수술

입양 전날 인터넷상으로 입양 절차를 안내받으며 나는 눈을 의심했다. 래트의 중성화수술을 원할 경우 입양 전에 무료로 수술을 해 주겠다고 했다. 그 경우 입양은 수술 뒤로 미루어진다.

열대어를 키우며 이미 놀라운 번식력을 경험한 나는 중성화수술이라는 말에 자동으로 번식만 연상했다. 래트도 번식력이 장난이 아닌 모양이라고 생각했다. 하지만 같은 성별로 입양하면 그만이다. 처음부터 나는 교배를 시킬 계획이 없었다. 몇 마리가 되었든 새끼를 낳으면 감당할 수 없을 것 같았다.

같은 성별의 래트를 입양하기로 하고 별생각 없이 아이들을 데리러 갔다. 그런데 막상 가 보니 현장에는 다른 입양자가 한 명도 보이지 않았다. 다른 입양자들이 바로 데려가지 않는 이유가 중성화수술일 수도 있겠구나라는 생각에 살짝 불안해졌다.

'혹시 중성화수술을 선택하지 않은 사람이 나뿐인가?'

래트라는 동물도 아직 낯선 내게 래트의 중성화수술은 금시초문

이었다. 게다가 그렇게 필요할 것 같지도 않았다. 수술은 가급적 피하고 싶었다. 당시 나는 중성화수술에 대한 거부감이 있었다. 모든 중성화수술을 반대하는 입장은 아니지만 개체가 무한정 번식할 위험이 없다면 굳이 자연스러운 생식 기능을 망가뜨릴 필요는 없다고 생각했다. 더욱이 래트는 수명도 짧다. 그 짧은 삶을 무엇 때문에 생식불능으로 살아야 한단 말인가.

나중에야 래트도 중성화수술을 받으면 각종 치명적인 질병을 예방할 수 있다는 사실을 알았다. 미리 알았으면 나도 우리 아이들에게 중성화수술을 시켜 주었을까? 래트에게 직접 의사를 물을 수도 없고 중성화수술은 여전히 망설여지는 부분이다.

흰 쥐라서
다행이다

두 아이를 안고 실험실을 나와 버스 정류장으로 가는 길. 알록달록한 햄스터 케이지가 너무 눈에 띄었다. 게다가 안이 훤히 들여다보여서 케이지 안의 래트 두 마리는 행인들의 시선에 고스란히 노출되었다. 비가 오는 날이라 지나다니는 사람이 별로 없어서 그나마 다행이었다.

정류장에 서 있자니 한 아저씨가 큰 소리로 외쳤다.

"어이쿠, 이게 뭐야! 이거 쥐 아냐?"

"아… 네… 쥐예요."

"무슨 쥐가 이렇게 커. 이걸 키우려고?"

"네… 그렇죠 뭐."

길바닥에서 아이의 사정을 구구절절 설명하기에는 내가 그렇게 넉살이 좋지 않았다. 나는 쥐가 맞다는 것만 확인시켜 드리고 도망치듯 버스에 올랐다.

집에 가는 내내 사람들의 시선이 집요하게 따라붙었다. 내가 무엇을 하든 주위 사람들은 하나도 신경 쓰지 않는다는 말은 어떨 때는 맞지만 어떨 때는 틀리다. 하나도 신경 쓰지 않는 것 같으면서도 재미난 일이 생기면 알게 모르게 지켜보고 있는 게 세상 사람들이다. 차라리 버스 정류장에서 만난 아저씨처럼 대놓고 무슨 말을 건네 왔다면 이 아이는 래트라는 동물이다, 여차저차해서 함께 이동하게 되었다고 설명할 텐데. 하지만 그럴 기회는 주어지지 않았고 나는 잘못한 것도 없는데 괜히 주눅이 들었다.

집에서도 난관이 기다리고 있었다. 허락도 없이 새로운 동물을 데려와서 혼나지 않을까 싶어 래트를 조심스럽게 소개하자 엄마의 눈동자가 심하게 흔들렸다. 지금이야말로 적극적으로 변명해야 할 때라고 생각했다.

"엄마, 이 아이는 래트라는 동물이야. 원래 실험 쥐인데, 실험이 끝나서 오늘 안락사될 예정이었어. 그걸 내가 데려온 거지. 그러지 않았으면 오늘 죽었을 거야."

묻지도 않았는데 자초지종을 구구절절 늘어놓았다.

동물을 키울 때 가족(엄마)의 이해를 구하는 것은 언제나 긴장되는 일이다. 게다가 이전 아이들과 달리 래트는 호불호가 심하게 갈리는 동물이다. 시골 출신이 아니어서 쥐와 원수 졌을 리 없는데도 쥐를 싫어하는 사람이 많은데 엄마는 시골에서 나고 자랐으니 어쩌면 쥐에 얽힌 안 좋은 추억이 진짜 있을 수도 있었다. 다행히 엄마는 쥐에게 별 감정이 없는 듯 화를 내지 않았다. 아니면 너무 황당해서 화를 내지 못했을 수도 있다. 어쨌거나 선입관이 없다는 건 바람직했다. 상대를 열린 마음으로 받아들일 수 있으니까. 그게 쥐라고 해도. 아니, 쥐이기 때문에 더욱 열린 자세가 필요했다.

혹시 흰 쥐가 아니라 검은 쥐였다면 상황이 달라졌을지도 모른다. 이 또한 명백한 편견이지만 검은 쥐는 시궁쥐라는 느낌이 강해서 거부감이 들 수 있으니까. 나는 검은 쥐여도 상관없지만 엄마에게 소개하는 순간만큼은 흰 쥐여서 다행이라고 생각했다.

생각지도 못한
거대 케이지

실험실에서 래트를 처음 보았을 때 솔직히 놀랐다. 최대 30센티미터까지 자란다고 알고 있었지만 아직 생후 7주 남짓인 아가들이다. 기껏해야 주먹만 할 줄 알았는데 뜻밖에도 어른 손바닥만 했다. 같은 쥐라지만 햄스터나 골든햄스터와는 스케일이 사뭇 달랐다.

'이거, 일이 너무 커진 거 아냐?'

덜컥 겁이 났다. 지금도 이렇게 큰데 여기서 얼마나 더 큰다는 건지.

그렇게 나는 '으악, 징그러!'는 아니지만 '우와, 귀여워!'도 아닌 그 중간 어디쯤에서 갈피를 잃고 헤맸다. 마냥 '아, 정말 크다.' '와, 진짜 크다.'라는 생각뿐이었다.

어쩌면 착오가 생겨 아이들의 나이가 잘못 전해졌는지도 모른다는 의심이 들 지경이었다. 아니면 내가 17주를 7주로 잘못

들었거나. '이 사람들이 나를 속인 건 아니겠지.'라는 생각마저 들었다.

　　래트 케이지는 주문 전이어서 당분간은 햄스터 케이지로 어떻게 되겠지 싶어 주문을 미루었던 게 신의 한 수였다. 미리 주문했더라면 작았을 뻔했다. 부랴부랴 적당한 것을 물색했다. 선택한 것은 래트 커뮤니티 회원들이 추천한 케이지로 래트 사육이 좀 더 대중화된 미국에서 건너온 소동물 전용 케이지였다. 77×45×76센티미터라는 치수만 봐서는 크기를 잘 가늠하기 어려웠지만 여러 사람이 좋다니 당연히 좋을 거라고 믿어 의심치 않았다.

　　며칠 후, 케이지를 받아 조립하면서 나는 큰 배신감에 사로잡혔다. 일이 뭔가 잘못되고 있다는 느낌이 다시 고개를 쳐들기 시작했다. 케이지가 예상보다 너무 컸다. 래트 두 마리에게 알맞은 케이지라고 들었는데 나도 등을 웅크리면 들어갈 수 있을 것 같았다.

　　래트는 활동량이 많고 높은 곳을 좋아해서 케이지가 큼지막해야 한다는 것은 알고 있었다. 대형 날림장(새가 날아다닐 수 있는 넓은 케이지)을 개조하거나 철망을 덧대어 기존 케이지를 확장하는 경우도 있다기에 래트는 상당히 큰 공간을 필요로 하는

구나 싶었다. 그렇게 다 알고 주문했는데도 이건 커도 너무 컸다. 정말이지 너무했다. 반품을 하고 싶었지만 이미 조립한 뒤였다. 그리고 래트를 마냥 좁은 햄스터 케이지에 가둬 둘 수도 없었다.

나는 재빨리 엄마 눈치를 보았다. 아니나 다를까, 거실 한가운데에 떡하니 세워진 거대 케이지에 엄마의 얼굴이 급격히 어두워져 갔다. 상황이 심상치 않음을 파악하고 엄마가 그동안 참고 참았던 화를 폭발시키기 전에 슬그머니 케이지를 거실 구석으로 밀어 넣었다. 그리고 불호령이 떨어지기 전에 선수를 쳤다.

"잠깐만 여기 놔둘게."

그로써 케이지를 곧 내 방으로 옮길 것임을 넌지시 암시했다.

좁은 방에
케이지 구겨 넣기

● '잠깐만' 놔두겠다고 한 이상 케이지는 반드시 내 방으로 옮겨져야 했다. 그렇게 큰 케이지가 거실에 떡하니 버티고 있는데 엄마가 가만있을 리 없었다. 세상 대부분의 엄마가 그러하듯 우리 엄마도 원래 없던 물건이

밖에 나와 돌아다니는 꼴을 보지 못한다. 모든 물건이 제자리에 있어야 직성이 풀리는 성미다. 물론 자신이 늘어놓은 물건은 예외다. 자기 집이니까 자기 물건은 괜찮다는 논리다.

애초에 미리 말하고 데려왔어야 했다. 엄마의 허락을 미리 받지 않은 이유는 래트가 이렇게 클 줄 몰랐기 때문이다. 햄스터도 됐으니 래트도 될 거라고 안일하게 생각했는데 래트가 너무 컸던 탓에 사태가 커져 버렸다. 미리 말했더라면 엄마는 99.99퍼센트의 확률로 반대했을 게 뻔하다. 세상 대부분의 엄마가 그러하듯이.

혹시나 엄마가 래트의 귀여움에 반해서 래트를 거실에 두고 싶어 할지도 모른다는 희망을 품고 래트의 귀여움을 필사적으로 어필하기로 했다.

"엄마, 얘네 좀 봐, 정말 귀엽다, 그치."

엄마는 동의하지 않았다. 일언반구조차 없었다. 엄마가 래트를 귀여워할 일은 영영 없을 것 같았다. 조만간 케이지를 치우라는 엄명이 떨어지겠지. 시간이 얼마 없었다. 컴플레인에 걸리기 전에 나는 행동에 나섰다.

케이지를 내 방에 집어

넣기란 결코 쉽지 않았다. 2평 남짓한 내 방은 3면이 책꽂이로 둘러싸이고 중앙에는 크고 작은 책상이 들어차 있었다. 한 구석에는 소파까지 자리 잡고 있어서 발을 뻗고 자기에도 빠듯했다. 그런 방에 케이지를 넣으려니 대대적인 구조 조정이 필요했다. 몇몇 책상은 분해해서 벽장에 넣고, 몇몇 가구는 방향을 틀었다. 마치 테트리스를 하듯 끼워 맞춰 가까스로 한쪽 벽을 확보했다.

마침내 케이지를 넣는 데 성공! 하지만 케이지는 좁다란 내 방에서 지나치게 압도적인 존재감을 자랑했다. 크기가 큰 것도 있지만 하루 만에 방 안 가득 퍼진 악취를 도저히 무시할 수 없었다. 아이들이 싸는 똥이 의외로 엄청났기 때문이다. 아이들을 데려온 후 예상치 못한 일의 연속이었다. 반려동물과 함께 산다는 건 이런 걸 의미하는 것이겠지만 물고기와 햄스터 때는 이 정도는 아니었다. 반려 생활의 의외성은 어쩌면 동물의 몸집이며 그 생활 반경과 비례하는지도 모른다.

내가 후각이 어느 정도 둔해져 악취를 느끼지 못하게 되었을 즈음 엄마가 내 방을 찾았다. 케이지의 행방이 궁금했던 모양이다. 케이지가 방에 적절히 잘 들어갔는지도 집주인으로서 확인하고 싶었으리라. 그런데 발을 들이는 순간 엄마는 불호령을 내렸다.

"당장 빼!"

엄마도 악취를 맡은 것이다. 하긴 그 냄새는 누구라도 감지할 수 있으니. 게다가 한여름이었다. 래트의 배설물 냄새는 방 안을 맴돌며 무르익어 가고 있었다.

나는 속으로 쾌재를 부르며 마지못한 척 케이지를 도로 거실에 내놓았다. 그 후로 한동안 거실 구석은 래트의 지정석이 되었다.

이름을 부르면 온다는
래트 이름 짓기

● 래트는 지능이 높고 친화력이 좋아 이름을 부르면 알아듣고 다가온다기에 입양 전부터 잔뜩 기대에 부풀었다. 그간 함께 살았던 동물 중에는 이름을 알아듣는 아이가 없어 부르면 오는 것에 대한 로망이 있었다.

사실 동물에게 이름을 붙인다는 것이 꼭 당연한 일은 아니다. 처음 열대어를 키우기 시작했을 무렵 나는 이름을 붙여야겠다는 생각을 전혀 하지 못했다. 소형어종인 그들은 개체수가 많은데다가(제브라 5마리, 구피 5마리) 모두 똑같이 생겼으며 환경에 민감해서 너무 쉽게 죽었다. 분명 적절한 환경을 갖추어

주었다고 생각했는데도 죽을 때면 도통 이유를 알 수 없었다.

그러다가 중형어종인 혈앵무를 한 마리 데려오게 되었다. 그 아이는 크기가 손바닥만 해서 꽤 존재감이 강했다. 몸집이 크다 보니 얼굴이 컸고, 얼굴이 크다 보니 표정이 잘 보였다. 물고기에게도 표정이 있다는 생각을 그때 처음 했다. 그 아이는 항상 방긋방긋 웃고 있어서 보는 사람을 기분 좋게 만들었다. 나중에서야 인간에 의해 그렇게 개량된 종이라는 것을 알고 충격을 받긴 했지만.

"얘 이름이 뭐야?"

당시 그 질문을 참 많이 받았다. 소형어종을 키울 적에는 들어 보지 못한 질문이었다. 크기도 큰데다가 웃는 인상이 호감을 주다 보니 궁금해하는 사람이 많았다. 어종 이름을 따서 대충 '앵무앵무'라고 둘러댄 것이 그대로 이름이 되었다. 날림으로 지었는데도 이름은 의외로 입에 착 붙어서 아이가 살아 있는 동안 마치 노래라도 하듯 꽤 열심히 불렀다. 아직까지 그 특유의 어감이 입에 맴돈다.

그 후 차례차례 맞이한 햄스터들에게는 잊지 않고 꼬박꼬박 이름을 지어 주었다. 이름이 있어야 완전한 가족이 된다는 생각이 어느새 마음속에 싹텄다. 그래도 단순한 게 제일이라는 고집이 있어서 작명을 하면서 고심한 적은 거의 없었다. 그렇지만 래트는 달랐다. 자신의 이름을 알아듣느냐 알아듣지 못하느냐는 큰 차이로 다가왔기에 정말로 좋은 이름을 붙여 주고 싶었다.

이번 이름 짓기에는 엄마를 끌어들이기로 했다. 직접 지은 이름을 부르면서 엄마도 아이들에게 정을 붙였으면 했다. 그러나 엄마는 얘가 왜 안 하던 짓을 하나 싶어 어리둥절한 기색이었다. 네 동물 이름은 네가 알아서 지으라며 손사래를 치는 엄마를 졸졸 쫓아다니면서 함께 이름 짓기에 돌입했다.

"흰색이니까 한 마리는 구름이라고 부르기로 했어, 어때?"
"글쎄."
"다른 한 마리는 엄마가 지어."
"얘가 갑자기 왜 이래. 네가 알아서 해."
내가 조르거나 말거나 한없이 시큰둥했다. 그러면서도 내가 이름을 제시하면 영 별로라는 뉘앙스를 풍겼다.

"안개는 어떨까?"

"그건 좀…."

"그럼 서리는?"

"그것도 좀…."

구름과 어울릴 만한 단어를 마구잡이로 댔으나 번번이 미적지근한 반응이 돌아왔다. 알아서 하라더니 의사표시를 하고 있었다. 참 피곤한 성격이다.

"그럼 별 어때? 엄마는 화려한 걸 좋아하잖아."

"오오."

조금 솔깃한 눈치였다. 이거구나 싶었다. 역시 우리 엄마 취향은 '블링블링' 쪽이다.

아이들 이름은 '구름'과 '별'로 낙점되었다. 낯선 이름을 자꾸만 입 안에서 굴리며 나는 아이들과 친해질 만반의 준비를 갖췄다.

꼬리에 그려진
세 줄의 표시

● 실험실에 갔을 때 몇 마리는

꼬리에 표시가 있었다. 아마도 실험을 위해 아이들을 구분하기 위한 표시라고 추측했다. 그런데 우연이었을까, 나는 표시가 없는 아이와 있는 아이를 한 마리씩 받게 되었다. 그리하여 표시가 없는 아이를 '구름', 표시가 있는 아이를 '별'이라고 부르기로 했다.

검은 매직으로 그어진 세 줄. 그 줄은 무슨 의도로 그려진 걸까. 입양을 위해서 그려 넣은 것은 아니었다. 역시 실험의 흔적이리라. 아마도 그룹 간에 다른 실험 결과를 얻으려 했을 테고 그 과정에서 꼬리에 표시를 했을 것이다. 표시를 하지 않으면 래트끼리 섞여 버릴 위험이 있을 테니까.

그러고 보니 알비노 래트는 이전에 키웠던 열대어보다 구별이 더 힘들지도 모르겠다는 생각이 들었다. 열대어는 무늬라도 있지 알비노 래트는 눈 덮인 설원처럼 얼룩 한 점 없이 온통 하얗기 때문이다. 그러니 쥐를 이용한 실험이라면 매직이든 무엇으로든 표시를 해야 했을 것이다. 그룹이 여럿이라면 알파벳을 써 넣었으려나? 만약 각각 알파벳 a와 b가 쓰여 있었다면 나는 아이들 이름을 알파와 베타로 지었으려나.

어쨌든 꼬리의 표시가 아이들의 이름을 짓는 데 힌트가 되었다. 가로줄 세 개가 꼭 새까만 별 같다고 혼자 생각했다.

그 표시 덕분에 한동안은 누가 구름이고 누가 별인지 구분할 수 있었다. 그런데 표시가 나날이 흐려져 갔다.

'매직이 지워지면 둘을 분간할 수 없을 텐데 아주 사라지기 전에 덧칠을 해야 하나?'

잠깐 고민했지만 실험실 밖에서까지 족쇄 같은 검은 줄을 채운다는 것은 너무 가혹하다고 생각했다. 이제는 구분할 필요가 없었다. 실험은 끝났으니까.

이름 따위,
래트를 래트답게

● 시간이 지나 꼬리의 표시가 완전히 지워지면서 정말 누가 구름이고 누가 별인지 구분이 되지 않게 되었다. 어떻게 해야 할지 난감해졌다. 쌍둥이처럼 닮은 아이들이었다. 실험동물은 개체의 균일성을 유지하기 위해

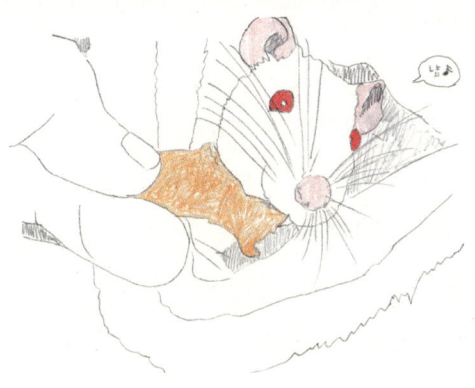

근친교배를 시킨다고 하니 어쩌면 생김새 차원이 아니라 유전자 차원에서 닮았을지도 모른다. 둘이 자매라든지.

마침내 모습이 똑같아진 두 아이를 나는 습성으로 구분했다. 케이지 창살 사이로 손가락을 넣었을 때 호기심을 보이며 냄새를 맡으면 구름, 적대심을 보이며 다짜고짜 깨물면 별이다. 그런데 이 구분법은 차츰 통하지 않게 되었다. 둘이서 작당이라도 했는지 언제부터인가 그들은 내 손가락만 보았다 하면 무섭게 달려들기 시작했다. 몸 어딘가에 아주 성능 좋은 손가락 감지 센서라도 달린 듯했다.

구분이 안 되니 이름을 부르기도 난감했다. 하는 수 없이 둘의 이름을 합쳐 '구름별'이라고 불렀다. 간혹 '별구름'이라고 부를 때도 있었는데 순서에 큰 의미는 없었다. 그냥 입에서 나오는 대로 불렀다.

그보다 진짜 문제는 따로 있었다. 래트는 이름을 부르면 알

알듣고 온다던데 우리 아이들은 아무리 불러도 나를, 그리고 엄마를 거들떠보지도 않았다.

"얘네 정말 똑똑한 거 맞아?"

급기야 엄마는 의구심을 드러냈다. 어쩌면 엄마도 내심 기대하고 있었는지 모른다. 그런데 야속하게도 아이들은 이름을 불러도 미동조차 하지 않아 내 체면을 박살냈다.

철저한 무반응에 지쳐 나는 차츰 아이들을 부르지 않게 되었다. 고심해서 지은 이름은 반쯤 무용지물이 되었다. 이후로는 아이들에게 '안녕!' 하고 인사한 뒤 그저 지켜보았다. 애초에 억지로 친한 척하는 것보다 내게는 그 방식이 더 익숙했다. 이럴 거면 아예 이름을 '안녕'으로 지었으면 좋았을 텐데.

다른 집 아이들은 이름을 부르면 쳐다보기는 한다는데 우리 아이들은 왜 무반응일까? 혹시 실험실 출신 아이들이라 유독 비협조적인 것일까. 아니, 알아들으면서도 대꾸하고 싶지 않아서 무시하는 것일지도 모른다.

래트를 위한 이름 인식 훈련이라는 것이 있다. 강아지와 고양이 훈련과 요령은 비슷하다. 이름을 불렀을 때 반응을 보이면 간식을 주고 칭찬하는 것이다. 이 과정을 되풀이하면 자기 이름을 인식하게 된다고 한다. 우리 아이들도 훈련을 시키면 이름을 알아들을까?

훈련은 무슨 훈련인가. 관두기로 했다. 기껏해야 2년 남짓 사는 아이들이다. 태어나자마자 인간의 실험대에 올라 영문도 모른 채 고생한 아이들인데 남은 생은 유유자적 살았으면 했다. 래트다운 모습으로 건강하게 크기만을 바랐다. 정확하게 어떤 것이 래트다운 것인지 잘 모르지만 실험을 당하고 훈련을 받는 것은 아닐 거라고 확신했다.

좋은 집에서 사랑받고
크는 애들 같지 않아?

● 햄스터 케이지는 매일 청소를 하지 않아도 며칠은 거뜬한데, 래트 케이지는 하루만 청소하지 않아도 금세 똥과 오줌으로 뒤범벅이 되어 악취를 뿜곤

했다. 래트는 햄스터보다 몸집이 큰 만큼 많이 먹고 많이 싸기 때문이다. 또 움직임이 클 뿐 아니라 활동적이라서 자기가 싼 똥을 밟아 뭉개거나 긴 꼬리를 끌고 다니다가 오줌을 묻히기 일쑤다. 궁리 끝에 흡수력과 탈취력을 기대하며 베딩bedding(소동물 케이지 바닥에 까는 것. 배설물을 흡수해서 냄새를 잡는다)을 깔기로 했다.

 래트는 호흡기가 약해 먼지가 많은 톱밥은 베딩으로 좋지 않다기에 처음에는 육류나 어류의 물기를 제거할 때 쓰는 종이인 해동지를 사용했다. 하지만 해동지를 일일이 찢는 게 보통 일이 아니었다. 그래서 바로 휴지 질감의 종이를 톱밥처럼 잘게 썰어서 파는 펄프 베딩으로 갈아탔다. 먼지가 아주 안 나는 건 아니지만 훨씬 푹신하고 안락해 보였다. 그렇게 하면 뛸 때의 충격이 완화되고 발 미끄러짐이 줄어 관절을 보호할 수도 있었다.

 그러나 바닥 전면을 펄프 베딩으로 채우자니 가격이 만만치 않았다. 게다가 쓰레기가 어마어마하게 나왔다. 이놈의 자식들이 밤새 종이를 뿌리며 신나게 노는지 아침에 일어나면 케이지 주변이 종잇조각으로 난장판이 되어 있었다.

 결국 베딩 깔기는 포기했다. 베딩으로 덮는다고 해서 배설물이 사라지거나 냄새가 나지 않는 것도 아니었다. 오히려 베딩 속에 뒹구는 똥을 골라내는 게 더 번거로웠고, 사방으로 날리는 베딩을 치우는 것도 고역이었다.

결론은 부지런히 청소하기. 조금 귀찮더라도 부지런히 청소하는 것이 청결 유지 측면에서나 자연보호 측면에서나 낫다는 깨달음에 도달했다. 청소 모드로 태세를 바꾼 후 가장 신경 쓴 건 엄마 심기 건드리지 않기였다. 청결 문제로 엄마에게 민원이 들어오지 않게끔 아침저녁으로 하루에 두 번씩 케이지를 닦기 시작했다. 래트와 함께 집에서 쫓겨나지 않기 위해서 정말 필사적이었다.

이렇게 시작된 청소는 습관이 되어 외출을 했다가도 청소를 하러 일찍 귀가하기에 이르렀다. 물티슈 하나로 케이지 바닥뿐 아니라 방바닥까지 꼼꼼히 닦다 보니 예전의 더러웠던 나는 온데간데없어졌다. 엄마도 더는 냄새 때문에 눈치를 주지 않았다. 오히려 청소의 노예가 된 딸자식을 안쓰러워했기에 나와 아이들은 엄마의 동정표를 보너스로 확보할 수 있었다.

돌이켜 보면 갓 동물을 키우던 무렵에는 청결에 이렇게까지 신경 쓰지 않았던 것 같다. 일상에 치여 햄스터 케이지를 방치하다시피 한 적도 있다. 동물이 좋아 키운다고 해서 자기중심적 생활습관이 저절로 바뀌는 것은 아니었다. 무심하고 나밖에 모르던 내가 자신의 일상만큼 반려동물의 일상을 챙겨 주기까지는 꽤 오랜 시간이 필요했다.

청소에 부지런을 떨었더니 근거 없는 자부심도 생겼다.

"엄마, 얘네 말이야, 좋은 집에서 사랑받고 크는 애들 같지 않아?"

팔불출처럼 툭하면 아이들 자랑을 늘어놓아 엄마의 빈축을 사기도 했다.

어둠 속에 울려 퍼지는 쇳소리

거실에 대형 케이지가 놓인 풍경도 곧 익숙해졌다.

그런데 래트는 야행성 동물이다. 낮에는 조용하지만 늦은 밤이면 야행의 습성이 발동하여 딴 아이라도 된 듯 활발해졌다. 마치 제 세상인 양 케이지 안을 이리저리 뛰어다녔다. 게다가 자다가 깨어 거실로 나가 보면 어김없이 어둠 속에서 쇳소리가 울려 퍼졌다. 철장에 찰싹 달라붙어 쇠창살을 갉는 소리. 이렇게 야단법석

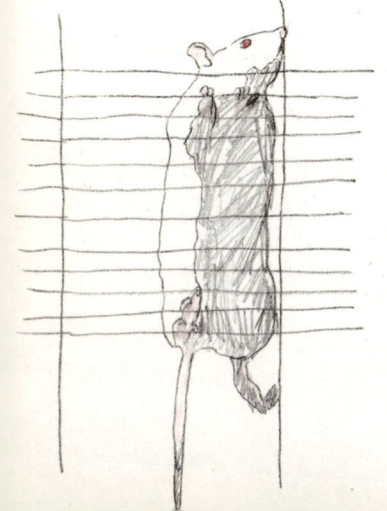

을 떠니 아침이면 아이들은 축 늘어져 맥을 못 췄다.

실험실 출신이어서 그럴까? 내 편견일지도 모르지만 구름과 별이는 정말 유난히도 쇠창살을 갉아 댔다. 정형행동♦의 일종이었는지도 모른다. 녹이 슬고 칠이 벗겨지도록 쇠창살을 갉아 케이지 하나는 어이없이 박살났고, 다른 케이지 하나도 폐기처분했을 정도다. 거의 철을 갉아 먹을 기세였다.

새벽에 귀가하는 엄마는 어쩔 수 없이 그 광란의 시간대에 거실을 지나게 되었다. 이튿날 아침이면 어디서 저런 원숭이 같은 것들을 데려왔냐면서 타박하곤 했다. 자기 키보다 몇 배는 높은 위치에 붙어서 쇠를 갉아대는 아이들의 모습이 꼭 원숭이 같았기 때문이다.

씩씩하게 잘 놀면 그걸로 됐다

고양이도 쳇바퀴를 타는 시대다. 케이지 안에만 갇혀 있는 래트야말로 쳇바퀴가 필요해 보였다. 넘치는 에너지를 쳇바퀴로 해소시키도록 해야 할 것

♦ 정형행동stereotypy 스트레스로 인한 비정상적인 반복행동

같았다. 알아보니 래트가 탈 수 있는 크기의 쳇바퀴도 꽤 많았다. 나와 같은 생각을 한 사람이 이미 존재했던 것이다.

고심 끝에 지름 30센티미터짜리 무소음 쳇바퀴를 하나 주문했다. 그런데 받고 보니 쳇바퀴가 내 머리보다 컸다. 케이지 때도 그랬지만 래트 세계의 스케일은 언제나 내 상상을 초월한다. 그런데 상품명과 달리 전혀 무소음이 아니었다. 쇠창살을 갉는 소리에 쳇바퀴를 돌리는 소리가 더해져 불협화음이 절정을 이루었다.

그렇지만 자식을 둔 부모 마음이 이런 것일까. 우리 아이들이 노는 소리라고 생각하면 전혀 시끄럽지 않았다. 오히려 아무 소리도 들리지 않는 편이 더 걱정이었다. 밤마다 쇠창살과 쳇바퀴의 이중창에 귀를 기울이며 잠을 청했다. 오늘도 기운차게 잘들 노는구나 안심하면서.

내게도
모실 주인님이 생겼다

● 고양이 반려인들은 스스로를 '집사'라고 부른다. 고양이는 습성상 상전 모시듯이 해야 하기 때문이다. 누가 지었는지 몰라도 나도 한번쯤은 그 애정 어

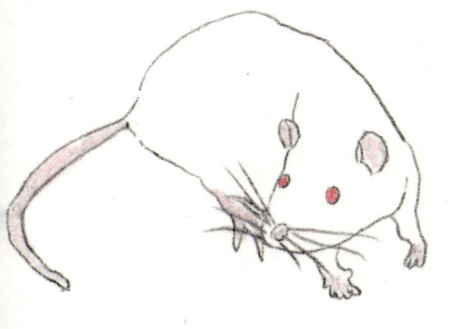
린 호칭을 갖고 싶었다. 그런데 정말 슬프게도 나만 고양이가 없었다.

그 한을 풀고자 구름과 별을 데려오고 얼마 안 있어 래트 커뮤니티에서 사용하는 닉네임을 '쥡사'로 바꾸었다. 집사 못지않은 절묘한 네이밍 센스라고 생각했는데 아무도 칭찬해 주지 않았다. 그리고 나말고는 아무도 스스로를 쥡사라고 부르지 않았다. 모두 이 호칭을 탐낼 줄 알았는데, 착각도 자유였다.

어쨌거나 내가 쥡사를 자처함으로써 구름과 별이는 자연히 쥔님으로 승격되었다. 그리고 나는 더 이상 고양이 집사를 동경하지 않게 되었다. 내게도 모실 주인님이 생겼다!

사고가 터졌다

• 구름과 별이는 사람의 손가락을 극도로 무서워했다. 쓰다듬으려 하면 등을 돌리고, 들어 올리려 하면 발버둥 쳤다. 친해지고 싶었지만 싫다는데 억

지로 만질 수도 없는 노릇이었다. 동물행동 문제 전문가들은 반려동물이 저항할 때 무작정 들이대지 말라고 했다. 그래서 나도 숙련된 훈련사처럼 케이지 옆에 가만히 앉아 무심한 듯 간식을 나누면서 서로에게 익숙해질 필요가 있겠다고 생각했다. 꼭 스킨십을 하지 않더라도 친해지는 방법은 얼마든지 있을 터였다.

그러던 어느 날, 사고가 터졌다. 구름과 별이가 엄마에게 점수라도 따기를 바랐을까. 케이지에서 한 마리를 꺼내 놓아 보라는 엄마의 요청에 나는 홀린 듯한 아이를 거실 바닥에 내려놓았다. 케이지에서 끌려 나와 거실 바닥에 발을 디딘 아이는 지금이 기회라는 듯 소파 밑으로 사라졌다. 그러고는 나오려 하지 않았다.

긴 소파를 둘러싸고 한바탕 추격전이 펼쳐졌다. 이쪽에서 쫓아가면 저쪽으로 달아나고, 저쪽으로 쫓아가면 이쪽으로 달아나고. 잽싸기는 또 어찌나 잽싼지 잡힐 듯하면서도 좀처럼 잡히지 않았다. 결국 소파를 들어내야 했다.

엄마는 퇴로를 막고 나는 슬금슬금 다가가서 가까스로 아이를 잡았는데 그게 끝이 아니었다. 내 손 안에 잡힌 녀석은 괴성을 지르며 버둥대다가 내 오른손 약지를 콱 깨물었다. 깜짝 놀랐다. 아픈 것보다 놀란 게 먼저였다. 그렇지만 겨우 잡은 아이를 다시 놓칠 수는 없었다. 피가 뚝뚝 흐르는 손으로 아이의 몸통을 단단히 틀어쥔 채 케이지로 옮겼다.

상처는 깊었다. 래트의 이빨은 길고 날카로워서 인간의 손가락을 꿰뚫기에 충분했다. 두어 달은 족히 뼛속까지 시큰거렸다. 그날 이후로 엄마는 아이들을 기피했다. 자기가 물린 것도 아니면서 나보다 더 놀란 눈치였다. 그때 그 순간 아이를 잡은 사람이 나여서 얼마나 다행인지 모른다. 엄마가 물렸다면 우리는 그날부로 쫓겨났을 것이다. 나는 래트 변호에 필사적이었다.

"사나워서 문 게 아니라 무서워서 문 거야. 갑자기 몸통을 잡은 내 잘못이야."

아이들이 미움 받는 것이 싫었다. 엄마도 그들을 가족처럼 여겨 주기를 바랐다.

엄마의 애정은 팍 식은 채로 회복되지 않았다. 그리고 난데없이 토끼 타령을 시작했다.

"사실 나는 토끼를 키우고 싶었어. 다음에는 우리 토끼 키우자."

래트는 싫다, 차라리 토끼가 낫다는 의사의 완곡한 표현이었다. 동물은 절대 반대라던 엄마가 갑자기 토끼를 키우자고 하니 어처구니가 없었다. 래트를 키운 지 한 달도 되지 않은 시점에서 다음 동물을 논한다는 것도 우스웠다. 토끼도 싫지 않지만 지금 있는 동물에게나 잘하자고 생각하면서 대꾸했다.

"그래. 키우자, 토끼."

엄마는 이렇게 조르기도 했다.

"밖에 풀어놔 봐. 도망가나 안 가나 보게."

갖다 버리고 싶지만 차마 갖다 버리자고 말하지 못하는 마음이 역력히 배어나는 발언이었다. 하지만 물린 장본인인 나는 래트가 싫지 않았다. 싫지 않아야 했다. 반려인이 반려동물이 싫으면 어쩌자는 건가.

정색을 하고 얼토당토않은 엄마의 발언으로부터 그들을 보호했다. 나라도 아이들을 지키자, 사랑하자고 되뇌었다. 그러면서도 한편으로는 나까지 아이들을 기피하게 될까 봐 두려웠다. 자신을 공격하는 동물에게 변함없이 애정을 준다는 것이 쉬운 일이 아님을 깨달았다. 그나마 어렸을 때 실험을 당해서 사람 손에 트라우마가 생겼다는, 충분히 납득할 만한 이유가 있어서 다행이었다.

실험실 출신이라서 그런 거냐

　　　　　　　　　　• 다행히 나는 겁이 없었다. 래트에게 물리고도 또 물릴까 봐 겁이 나지 않았다. 오히려 오기가 생겨서 쇠창살 사이로 손을 넣었다 뺐다 하면서 물릴지 안 물릴지 시험하곤 했다. 일종의 애정도 테스트. 물리면 실패, 안 물리면 성공이었다. 그 테스트는 나날이 성공률이 낮아졌고, 나중에 가서는 얌전히 청소할 때 물리기도 했다. 청소 중에 무는 건 반칙인데…. 그렇게 번번이 물리면서도 언젠가는 물리지 않을 거라는 희망을 쉽게 버리지 못했다.

　　아이들은 그나마 손등에는 호의적이었다. 손가락을 말아 쥐고 손등으로 쓰다듬으면 케이지 구석에 주둥이를 처박은 채 등을 내주었다. 기분은 나쁘지만 더는 도망갈 데가 없으니 참아 준다는 의미 같았다.

　　그렇다고 아무때나 입질을 하지는 않았다. 유독 쇠창살 사이로 뻗어 오는 손가락에 예민하게 반응했다. 특히 그 손가락이 아이들의 몸통을 들어 올릴라치면 거의 발광을 하다시피 했다. 역시 사람 손에 트라우마가 있는 것이 분명하다고 생각했다. 그런 이유로, 마지막까지 아이들을 안아 보기는커녕 제대로 들어 보지도 못했다. 아이들을 어디론가 이동시켜야 할 때면 제 발로 이동하기를 기다렸다. 부디 건너편으로 옮겨 가 달라고 애원하면서.◆

사실 래트는 입질이 거의 없는 동물이다. 래트 커뮤니티에서도 래트에게 물렸다는 이야기는 찾아보기 힘들었다. 그러다가 래트의 공격성 때문에 고민이라는 글을 발견했다. 반가워하면 안 되는데 무척 반가웠다. 간식을 주려고 하면 자꾸만 손을 문다고 했다. 그 아이도 실험실 출신이라고 했다. 실험실은 한두 군데가 아니지만 솟구치는 동지 의식을 주체할 수 없었다.

우리 주변에는 동물실험이 이루어지는 실험실이 알게 모르게 많이 있는지 모른다. 나는 래트를 꽤 공식적으로 입양을 한 경우지만, 비공식적인 루트로 세상에 나온 실험 쥐도 있을 것이다. 얼굴도 모르는 그 아이들이 전부 어디서 와서 어떻게 있다가 어디로 갔을지를 상상해 본다.

◆ 사회화가 되어야 할 시기에 사람(실험자)과의 유대가 형성되지 않은 채 실험을 당해서 실험으로 인해 트라우마가 생겼을 것이다._감수자 주

우리 아이들이
너무 잘 먹어요

● 한국에서 래트는 대중적인 반려동물이 아니기 때문에 래트 전용 사료가 전무하다. 곤충 사료도 있을 만큼 웬만하면 동물 각각에게 맞는 반려동물 사료가 있는 세상인데 래트 전용 사료가 없다니!

'래트나 햄스터나 다 같은 쥐잖아. 그냥 똑같은 사료를 먹이면 되는 거 아냐?'

그런 생각에 처음에는 집에 있던 햄스터 사료를 주었다. 그러나 햄스터 사료는 래트에게 알맞지 않다는 사실을 알게 되었다. 같은 쥐라도 진화해 온 환경과 습성이 다르기 때문에 필요한 영양소에 차이가 있는 모양이었다. 외국의 설치류 사료를 보니 래트용, 햄스터용, 기니피그용, 친칠라용 등으로 세분화되어 있었다.

입양 당시 샘플로 받아온 것은 당시 국내에 유일하게 수입되던 래트 전용 사료였다. 기호성이 별로라고 귀띔을 받았는데 역시나 아이들은 잘 먹지 않았다. 햄스터 사료를 더 좋아했다: 햄스터 사료에는 설치류가 환장하고 먹는 대표적인 음식인 해바라기씨, 홍화씨 같은 씨앗이 많이 들어 있기 때문이다.

그러다가 다른 래트 반려인들의 돌봄 노하우를 접하고 반성하면서 아이들의 식단에 신경을 쓰기 시작했다. 먼저 래트를 비만으로 이끈다는 해바라기씨를 기본 사료에서 제외했다. 소화불량을 일으킨다는 알팔파 칩과 유전자변형 가능성이 있는 옥수수도 제외하고 래트 전용 사료만 급여하기 시작했다. 기호도는 떨어지지만 아주 안 먹지는 않았다. 수의사들이 만든 사료라니 믿음이 갔다. 어쨌거나 래트 전용 사료다.

그런데 얼마 지나지 않아 아이들이 먹던 사료가 수입이 중단됐다. 사료가 다 떨어져 가는데 어디서도 사료를 구할 수가 없었다. 먹던 사료를 하루아침에 끊어야 한다니 눈앞이 캄캄했다. 남은 사료를 쓸어 먹이고 나면 당장 아이들에게 먹일 사료가 없었다. 대책을 세워야 했다. 없으면 만들어서라도 먹여야 했다.

반려인들 사이에서는 한창 래트 주식인 '래트 믹스(커뮤니티 내에서 사용하는 용어)' 레시피가 공유되고 있었다. 영양소를 고려해서 각종 재료를 적절히 배합해서 만드는 거라서 서로의 노하우를 교환하는 것이다. 솔직히 말하면 처음에는 이런 상황이 당황스러웠다. 정말 지극정성이다, 쥐한테 이렇게까지 해야 하나 싶었다. 하지만 당장 먹일 사료가 없으니 그 방법밖에 없었다. 비주류 동물을 반려하는 자의 숙명이었다.

등 떠밀려 나도 래트 믹스 만들기 대열에 합류했다. 원래는 손수 볶은 곡물에 파스타, 오트밀, 시리얼 등의 부재료를 더하는 것이 래트 믹스의 정석. 거기에 이갈이 사료 및 신선한 채소와 과일을 곁들였다. 액셀 파일로 탄수화물, 지방, 단백질의 비율을 계산해서 먹인다는 반려인도 있었다. 어린 래트에게는 고단백(18퍼센트 내외) 사료, 어른 래트에게는 저단백(14퍼센트 내외) 사료가 좋으며, 탄수화물은 80퍼센트 내외, 지방은 4퍼센트 내외로 맞춰야 했다. 하지만 평생 3대 영양소 따위를 따져서 먹어본 적 없는 내게 거기까지는 무리였다. 평소 가스레인지 근처에 얼씬도 하지 않는데 느닷없이 곡물을 볶으라니.

약간의 타협이 필요했다. 고심 끝에 시판되는 볶은 곡물을 이용했다. 그런데 시판 제품 구입도 여간 골치 아픈 일이 아니었다. 곡물의 세계는 넓고 넓어서 곡물의 종류가 너무 다양했다. 콩만 해도 별의별 콩이 다 있었다. 그래서 처음에는 어떤 종류가 있는지 파악하고 각각의 생김새를 구분하느라 애를 먹었다.

가짓수를 헤아려 힘들게 주문한 볶은 곡물(쌀, 보리, 귀리, 통밀, 율무, 수수 등의 알곡과 병아리콩, 렌틸콩 등의 각종 콩)에 건과일과 건채소를 섞으니 그럴듯한 래트 믹스가 완성되었다. 알록달록하게 배합된 사료는 제법 먹음직스러워 보였고, 아이들의 기호도도 나쁘지 않아서 만드는 보람이 있었다. 만들고 나면 고소한 곡물 냄새가 방 안에 가득 차 입맛을 돋웠다.

이듬해 초, 나는 애용하던 온라인 곡물 상점에서 우수회원으로 뽑혀 볶은 곡물을 선물로 한아름 받았다. 상품 후기에 남긴 '우리 아이들이 너무 잘 먹어요'라는 말이 점수를 따는 데 결정적으로 작용한 것 같다. 그 아이들이 인간이 아니라 래트임은 굳이 밝히지 않았다.

한편 내 식사는 여전히 가공식과 간편식에 머물렀다. 시중에 래트 사료는 없어도 인간 사료는 많아서 식사를 손수 만들 필요가 없었기 때문이다. 래트 사료도 선택지가 많으면 좋으련만 참으로 안타까운 일이다. 결단코 사료를 만들기 귀찮아서 하는 말은 아니다.

세상의 많은 맛들을
맛보게 하고 싶다

● 실험실에서는 래트에게 이 같이 사료의 일종인 익스트루전만 준다고 들었다. 정확한 실험을 위해서는 실험 조건을 통제해야 하기 때문일 것이다. 하긴, 수많은 실험 쥐의 식단을 일일이 고려한다는 것은 편의면에서나 비용면에서나 쉬운 일이 아닐 것이다.

익스트루전은 설치류에게 필요한 영양 성분이 고루 배합된 사료라서 실험 쥐가 생존하는 데는 충분할 것이다. 평생 한 가지 음식만 먹어야 해서 불쌍하다는 것도 어쩌면 지나치게 인간 중심적인 사고일지 모른다. 어차피 실험 쥐는 다른 음식이 있다는 사실조차 모를 테니까. 역시 모르는 게 약이다.

그래도 생명체란 먹는 낙으로 사는 법. 좋은 음식을 먹어야 세상이 살 만한 곳임을 비로소 실감할 수 있다고 나는 믿는다. 그러니 실험실에서 은퇴한 나의 '국가유공쥐'들에게 세상에 다른 음식도 있음을 알려주고 싶었다. 가능한 한 다양한 풍미, 다양한 향, 다양한 식감을 맛보게 하고 싶었다.

익스트루전에는 여러 브랜드가 있는데 저마다 성분과 영양소 비율이 다르다. 그렇다면 맛도 각각 다를 것이다. 어쨌든 평생 이빨이 자라는 래트에게는 이빨을 갈 수 있는 익스트루전은 필수다. 몇몇 익스트루전 중에서도 한 가지 브랜드만 먹었을 구름과 별이를 위해 익스트루전 기호도 테스트를 했고, 아이들이 잘 먹는 브랜드의 제품으로 1킬로그램을 주문했다. 한 포대나 되는 것을 아이들이 다 먹어 줄까 살짝 걱정되었지만 두어 달 만에 거뜬히 먹어 치웠다. 성격은 까칠해도 먹성만큼은 좋았다.

  사실 익스트루전을 고르는 일도 쉽지 않다. 정확히 어떤 재료가 얼마나 배합되었는지 제조사에서 공개하지 않으니 반려인들은 뭐가 좋은지 잘 모른다. 제품마다 이건 유전자조작 재료가 쓰였을 가능성이 있고, 저건 단백질 함량이 너무 높아서 안 된다는 둥 말이 많다. 하지만 믿고 먹일 만한 대안 제품이 없으니 말만 무성하다. 비주류 동물인 래트 용품 시장은 쇄신도 혁신도 없다. 아니, 시장 자체가 없다는 말이 맞을 것이다.

  래트를 건강하게 챙겨 먹이고 싶으면 결국 반려인이 노력하는 수밖에 없다. 더 꼼꼼하게 따지고 더 부지런을 떨어야 한다.

간식은 입맛에
좀 맞으신지

반려동물에게 가급적 다양한 음식을 먹이고 싶은 것이 모든 반려인의 마음이리라. 그렇지만 래트의 경우 국내에 육아 정보가 너무 없어서 간식 리스트도 외국 사이트를 참고할 수밖에 없다. 평상시 영어 공부를 열심히 해 두었더라면 좋았을 텐데.

외국 자료를 술술 읽을 수는 없지만 다행히 래트 커뮤니티에 가면 일부가 번역되어 있다. 언제 적 글인지, 맞는 소리긴 한지 미심쩍지만 정보에 목마른 반려인에게는 사막의 오아시스와도 같다. 여기저기서 퍼온 정보다 보니 일목요연하지 않다는 것, 뭐는 안 된다, 뭐도 안 된다 하는 통에 머리가 아프다는 것은 단점이지만 말이다. 어차피 리스트를 달달 외울 수는 없으므로 절대 먹이면 안 된다는 것만 남기고 나머지는 기억 속에서 날려 버렸다. 된다는 것만 기억하는 편이 빠를 것 같았다.

'신선한 채소를 곁들여 주면 좋다.'

묘하게 설득력 있는 이런 조언이 눈에 띄었다. 그러고 보니 실험실에 있었던 우리 아이들에게는 왠지 채소가 부족했을 것도 같았다. 그리하여 급히 조달해 온 것이 샐러리. 리스트에 따르면 샐러리는 급여 가능한 채소였다. 그렇지만 어째서인지 우리 아이들은 죽어도 먹지 않았다. 하긴, 급여할 수 있다고 했지 기호도가 높다고는 안 했으니까. 어쩌면 구름과 별이는 육식 체질인지도 모른다. 그렇다면 채식을 강요할 수는 없다.

아이들이 가장 좋아하는 채소는 우연한 기회에 발견되었다. 상추쌈을 좋아하는 엄마의 밥상에 상추가 올라왔기에 몇 장 가져다 줬더니 아이들이 폭발적인 반응을 보인 것이다. 알고 보니 아이들은 잎채소를 좋아했다. 자기들이 토끼인 줄 아는지, 혹은 아예 전생에 토끼였는지 잘게 찢어 주면 오물오물 잘 먹었다. 그 후 엄마가 상추쌈을 먹을 때면 상추를 슬그머니 훔쳐 오는 게 버릇이 되었다.

"이그, 네 밥이나 그렇게 챙겨 먹어!"

구박하면서도 엄마도 싫지만은 않은 듯 못 이기는 척 상추를 내어 주었다.

래트는 잡식동물이라서 웬만한 건 뭐든지 먹을 수 있다. 그래서 내가 먹으려고 산 음식을 구름, 별이와 공유하는 일이 일상이 되었다. 특히 공유하기 좋은 음식은 한 입 크기의 과일. 샤인머스켓은 반 알씩, 블루베리는 한 알씩 주면 딱 좋다. 한여름에는 수박이나 참외를 손톱 크기로 썰어 주기도 했다.

케이크를 공유한 적도 있다. 부드러운 스펀지빵에 갖가지 과일이 얹힌 생크림 케이크였다. 설탕이 든 빵을 줄 수 없어서 데코레이션된 과일을 남겨 두었다가 아이들에게 나누어 주었다. 앙증맞은 손으로 빨간 열매를 꽉 움켜쥔 채 앞니를 콕 찔러 넣고 먹는 모습이 몹시 사랑스러웠다.

양념이 된 것만 아니면 그 밖에도 얼마든지 나누어 먹을 수 있다. 인간 세상에는 음식을 나누어 먹으면서 정을 쌓는다는 말이 있는데, 과연 아이들도 내게 정을 느꼈을까?

탈출
소동

새벽, 일 나갔다 들어온 엄마의 다급한 목소리에 잠에서 깼다. 잠귀가 밝아서 한번 깨면 다시 잠들지 못하는 나를 깨웠으니 잠결에도 보통 일은 아닐 거라고 직감했다. 불길한 예감은 적중했다. 구름과 별이 케이지를 부수고 탈출을 감행했다.

거실로 나가 보니 철장 하부의 플라스틱 받침대가 무참히 뚫

려 있고 그 주위로 물티슈가 풀어헤쳐져 있었다. 아이들이 창살과 받침대의 이음매를 조금씩 갉는 건 알고 있었지만 설마 하룻밤 사이에 주먹만 한 구멍을 낼 줄은 몰랐다.

놀란 마음을 가다듬고 아이들의 행방을 찾기 시작했다. 별인지 구름인지 모르겠지만 한 녀석은 케이지 옆에서 물티슈를 풀어헤치느라 여념이 없어서 다행히 바로 잡아 케이지에 넣었다. 그런데 다른 한 녀석이 보이지 않았다. 아이를 찾으려고 새벽에 집 안의 구석이라는 구석은 다 들여다보고 다녔다. 그러다가 싱크대 문을 연 순간, 아이와 눈이 딱 마주쳤다. 하지만 알비노 래트 특유의 맹하고 투명한 붉은 눈은 금세 어둠 저편으로 사라졌다. 이때부터 꼬박 이틀에 걸친 숨바꼭질이 시작되었다.

급한 대로 집에 있던 햄스터 케이지(입양할 때 가져갔던 바로 그 케이지)를 개조하여 포획틀을 설치했다. 그런 후 싱크대 밑을 들여다보기를 수십여 차례. 배가 고프기는커녕 목도 안 마른지 아이는 좀처럼 나타나지 않았다. 어쩌다 포획틀에 들어갔다가도 출구가 닫히기 전에 먹이를 물고 빛의 속도로 달아났다. 굶주림에 기어 나오도록 먹이를 아예 치워 버릴까 싶다가도 배가 고프면 어쩌나 걱정이 되고, 배가 안 고프면 케이지에 안 들어갈 텐데 또 걱정이고. 이래저래 걱정만 하고 있었다.

마음을 정하지 못한 채 포획틀 안에 먹이를 넣었다 뺐다 하며 싱크대 앞을 지키기를 이틀. 마침내! 포획에 성공했다. 싱크대 밑에서 고개만 빼꼼 내민 채 붉은 눈을 빛내던 녀석은 아무도 없음을 확신하고 포획틀 안에 들어와 있었다. 나는 재빨리 출입구를 막았다. 이로써 아이는 시궁쥐로 전락하지 않을 수 있었다.

포획틀에서 꺼낸 녀석을 보니 먼지를 새카맣게 뒤집어 쓴 모습이었다. 아이를 씻겨 케이지로 돌려보냈다. 씻기느라고 고생했지만 무사히 돌아와 주어서 다행이었다.

부랴부랴 박살난 케이지를 대신할 새 케이지를 주문했다. 아이들의 첫 번째 집은 사실 래트 케이지로 유명했지만 결정적인 단점이 하나 있었다. 바로 플라스틱 받침대의 작은 홈. 상부 철장을 끼우기 위한 홈이었는데 아이들이 이빨을 끼워 넣기에 딱 맞아서 설치류의 이갈이 본능을 쓸데없이 자극했다. 과장을 조금 보태서 래트 열에 아홉은 그 홈에 집착한다고 들었는데 아니나 다를까 우리 아이들도 마찬가지였던 것. 걱정이 되어 수시로 홈 상태를 확인하면서도 구멍이 날 정도는 아니라고 생각했다. 그런 안일한 생각이 이런 사태를 유발한 것이다. 래트의 이빨 힘은 생각보다 강력했고, 구멍이 나는 데는 하룻밤이면 족했다.

아이들의 두 번째 집은 플라스틱이 전혀 없는 사방이 오로지 쇠창살로 둘러싸인 제품으로 마련했다. 볼트와 너트를 끼웠다 뺐다 하며 조립에 애를 먹은 끝에 가까스로 완성! 마침내 두 번째 집으로 아이들을 이주시킨 후에야 한시름 놓을 수 있었다. 며칠 동안 나를 괴롭혔던 탈출 사건이 비로소 깔끔하게 매듭지어졌다.

싱크대 밑이
마음의 고향이니?

구름과 별이는 일주일도 되지 않아 또 탈출했다. 먼젓번과 달리 새 케이지에 익숙하지 않은 내가 문단속을 깜빡한 탓이다. 이번에는 둘이 한꺼번에 사라져서 내 혼을 쏙 빼놓았다. 사방이 쇠창살이라 더는 탈출할 일이 없을 거라며 안심했는데 문단속 실수라는 의외의 복병이 있었다.

문단속을 깜빡하여 동물을 잃어버렸다는 이야기를 접할 때마다 어떻게 그런 기본적인 걸 깜빡할 수 있나 이해가 안 갔는데 이제는 충분

히 이해한다. 실수는 정말 귀신에라도 홀린 듯 순식간에 일어나므로 나는 절대 깜빡하지 않으리라는 보장이 없다. 왜 그렇게 귀에 못이 박히도록 안전창과 안전문을 설치하라고 신신당부하는지 완벽하게 납득이 갔다. 래트라면 안전장치마저 뚫고 탈출할지도 모르지만.

 래트의 두 번째 탈출 소식과 경위를 듣고 엄마는 나를 한심하게 쳐다보았다. 나도 내가 한심해서 미칠 것 같았다.

 아이들은 이번에도 싱크대 밑에 들어갔다. 거기가 마음의 고향이니? 먼젓번에 싱크대 밑을 체험하고 나온 녀석이 다른 녀석을 꼬드겼는지도 모른다. 싱크대 문을 열자마자 한 녀석이 시멘트 바닥 위로 후다닥 도망갔다. 다른 녀석은 미처 도망가지 못하고 배관 위에서 나를 멀뚱멀뚱 올려다보고 있었다. 반사적으로 손을 뻗어 꼬리를 휘어잡았다. 꼬리를 잡으면 안 된다고 들었지만 물리지 않으려면 어쩔 수 없었다. 이 녀석은 탈출하자마자 도로 케이지행. 그러나 나머지 한 녀석은 코빼기도 보이지 않았다. 포획은 장기전으로 돌입했다.

 20년 넘게 같은 집에 살면서 주방 구조에 관심을 가져 본 적이 없었는데 연이은 포획전으로 나는 본의 아니게 주방을 빠삭히 파악하게 되었다. 우리 집 주방은 이른바 시스템 키친으로, 싱크대를 비롯하여 대형 가스오븐레인지까지 모든 가구가 유기적으로 연결되어 있었고, 하단에 ㄱ자로 빙 둘러쳐진 걸레받이를 치우면 주방 가구 다리가 그대로 드러났다.

오랫동안 버려져 있던 그 먼지투성이 공간을 아이는 이리저리 도망 다녔다. 나는 휴대전화 손전등을 비추며 애타게 싱크대 밑을 헤맸다. 바퀴벌레가 나올까 봐 공포에 떨면서.

바퀴벌레의 영역에서 얼른 아이를 꺼내고 싶었지만 좀처럼 잡히지 않았다. 그런데 어느 순간 오븐 안에서 바스락대는 소리가 들려오기 시작했다. 싱크대 밑을 탐방하다가 오븐 안으로 진입한 듯했다. 싱크대 배관을 갉아 집 안에 누수를 일으킨다든지 하수도를 타고 이웃집으로 이동할까 봐 걱정했는데 차라리 잘되었다 싶었다.

그런데 이틀째 밤, 오븐의 전원 램프가 나간 것을 발견했다. 정전이 되지 않는 이상 절대로 꺼질 일이 없는 램프. 당연히 정전은 아니었다. 이놈의 자식이 오븐 안의 전기 배선을 갉은 것이다! 더 이상 남의 집 걱정할 게 아니었다. 엄마와 의논하여 가스오븐 밸브를 잠그고 가스계량기 밸브도 내렸다. 그러고도 가스가 누설되어 집이 폭발할까 봐 두려움에 떨었다.

급히 쥐덫을 알아보았다. 그런데 대부분의 쥐덫은 일단 걸렸다 하면 독에 노출되거나, 끈끈이에 붙거나, 지렛대에 끼어서 어떻게든 죽게 되어 있었다. 쥐를 산 채로 잡을 수 있는 포획틀은 업체에 주문하고 배송을 기다려야 했다. 가스 폭발의 위험 속에서, 최악의 경우에는 정말 쥐덫이라도 놓아야 하나 생각하며 공포의 밤을 지새웠다(현재는 쥐용 포획틀, 쥐용 통덫을 판매하는 곳이 있다. 사용 후기에는 드물게 '잡긴 잡았는데 애를 어떡할지 모르겠어요', '막상 잡고 보니 귀여워서 못 죽이겠다' 등의 글이 올라온다).

병 안에
든 쥐

이튿날, 고맙게도 가스오븐 수리 기사가 한달음에 달려와 주었다.

가스오븐 상판을 열자 전문가가 아닌 내가 봐도 한눈에 알 수 있을 만큼 망가진 배선이 눈에 들어왔다. 정확히 말하면 전선이라는 전선은 모조리 갉아서 아예 배선이라고 할 만한 것이 없었다. 수리 기사가 놀라서 물었다.

"이거 왜 이렇게 된 거죠?"

"안에 쥐가 들어갔어요."

당혹감을 감추지 못하는 수리 기사. 기사 생활 n년 만에 처음 있는

일이라고 했다.

"아저씨, 쥐가 걱정돼서 그러는데 잠깐 오븐 좀 빼 주실 수 있을까요?"

오븐과 가스선의 연결 상태를 보려면 어차피 빼야 할 거라는 생각에 한 부탁이었으나 아저씨는 단호히 거절했다. 워낙 큰 오븐이라 자칫하면 허리를 다칠 수 있고, 무엇보다 쥐를 싫어한다고 했다. 그러면서 오븐은 도저히 수리할 수 없으며, 가스 누설은 도시가스 회사와 상담하라고 했다. 그 말을 끝으로 아저씨는 도망치듯이 떠나갔다. 내가 너무 무리한 부탁을 한 걸까.

수리 기사가 떠난 뒤 바로 도시가스 회사에 전화를 걸었다. 가스가 끊겨서 불편한데다 가스 사고가 날까 봐 무서우니 얼른 와 주길 바랐는데 다음 날에야 올 수 있다고 했다. 절망스러웠지만 한편으로는 다행이라고 생각했다. 아직 아이를 잡지 못했는데 가스 기사가 가스 배관을 살피면서 오븐을 빼면 아이가 또 다른 곳으로 도망쳐 버릴지도 모를 일이다. 그렇게 되면 새로운 장소에서 새로운 포획전을 시작해야 했다. 이왕 이렇게 되었으니 무슨 일이 있어도 도시가스 기사가 오기 전에 아이를 잡기로 각오를 다졌다.

그날 밤, 엄마가 출근한 직후 부엌 입구를 봉쇄한 채 홀로 오븐을 빼기 시작했다. 녀석을 잡겠다는 일념 하나로 좌우에 요령껏 압력을 가했고, 마침내 허리를 조금도 다치지 않고 오븐을 빼는 데 성공했다. 예상대로 녀석은 오븐에서 쪼르르 달려 나와 옆에 있는 싱크대 밑으로 들어갔다. 하지만 나는 아랑곳하지 않았다. 포획전은 그때부터 시작이었다.

ㄱ자로 배치된 부엌 가구를 1구역, 2구역, 3구역으로 나누고 각 구역을 순차적으로 폐쇄해 나갔다. 오븐을 움직여 1구역으로 가는 통로를 차단하고, 2구역으로 피신한 아이를 3구역으로 몰아넣은 뒤 2구역도 폐쇄. 3구역으로 달아난 아이를 부엌 맨 구석의 식기세척기 뒤로 몰아넣어서 완벽하게 퇴로를 차단했다. 그리고 소리소리 지르며 반항하는 녀석의 머리 위로 마침 옆에 있던 빈 플라스틱 병을 인정사정없이 뒤집어씌웠다. 흡사 바퀴벌레를 잡듯이. 꼬박 사흘 만의 쾌거였다.

이튿날, 예정대로 도시가스 직원이 와서 가스를 점검해 주었다. 우려와 달리 가스가 새는 곳은 없었다. 직원이 온 김에 오래된 가스 배관을 갈고, 망가진 오븐을 빼냈다. 허리가 튼튼한 직원은 오븐을 집 밖 쓰레기장까지 옮겨 주었다.

직원이 돌아간 후 엄마의 매서운 등짝 스매싱이 나를 기다리고 있었다. 엉망이 된 부엌을 원상복구하면서 아이가 싸질러 놓은 사흘 치 똥을 제대로 치우지 않았기 때문이다. 나는 너무

지쳐서 똥을 무시한 채 부엌 가구를 밀어 넣고 걸레받이를 끼워 현장을 대충 수습해 놓았다. 청소를 할 여력이 없었으며 설마 엄마가 뜯어볼 줄은 몰랐다.

게다가 포획에 쓰인 빈 플라스틱 병은 엄마의 물병이었다. 엄마는 여러 물병 중 어느 것이 쥐를 잡는 데 동원되었냐며 나를 집요하게 추궁했고, 물병은 모조리 주방에서 퇴출되었다.

피눈물
목욕

● 싱크대 밑의 먼지로 분홍 발, 분홍 꼬리가 시커메진 아이를 안고 목욕탕으로 직행했다. 털끝 하나 건드리지 못하게 하는 까칠한 아이를 씻기는 것은 보통 일이 아니지만 어쩔 수 없었다. 나 역시 싫다는 걸 억지로 씻기고 싶지는 않았다. 하지만 싱크대 밑이 얼마나 더러운지

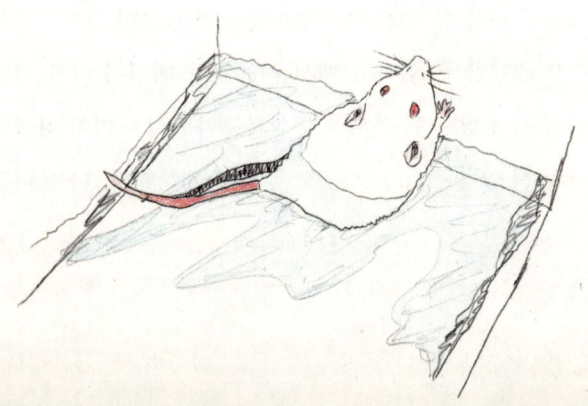

봤기 때문에 어쩔 수 없었다.

생포한 아이가 든 케이지를 그대로 들고 목욕탕으로 향했다. 죽을힘을 다해 케이지 안을 도망 다니는 놈에게 요령껏 비누칠을 하고 잽싸게 출구를 닫자 그루밍을 하겠다고 앞발로 몸을 문지르기 시작했다. 그루밍하는 걸 잠시 지켜보다가 샤워기를 틀었다. 온도를 미지근하게 맞춰 녀석을 향해 물을 발사했다.

녀석은 분한 듯 피눈물을 흘렸다. 하지만 나는 놀라지 않았다. 그것은 피가 아니라 포르피린 증상이라는 것을 알고 있었다. 포르피린은 혈액세포 성분의 색소. 래트가 스트레스를 받으면 포르피린이 눈물길에 퇴적물을 남기는데 피로 보일 수 있다. 이런 증상은 스트레스를 받았다는 증거였지만 어쩔 수 없었다. 더러워도 너무 더러웠다.

래트는 원래 목욕을 좋아하지 않는다. 목욕을 시키면 죽기 살기로 발버둥 친다. 낑낑대는 것은 기본이고 목욕 내내 배설물을 지린다. 웬만하면 목욕으로 서로 스트레스를 받지 않았으면 했는데 함께 살아 보니 목욕을 아예 시키지 않는 건 불가능했다.

전쟁 같은 목욕이 끝나고 비로소 집에 평화가 찾아왔다. 둘은 무사히 새로운 집으로 복귀했다.

죄는 미워하되
쥐는 미워하지 말자

　　　　　　　　　　• 애들 덕분에 20년 넘도록 한 자리를 지켜온 대형 가스오븐레인지는 추억의 저편으로 허망하게 퇴장했다. 그 자리에 조그마한 가스레인지가 놓였다. 급한 대로 근처 전자마트에 가서 적당히 골라온 것이었다. 젊었을 적 로망이었던 오븐을 떠나보내고 엄마는 못내 아쉬운 눈치였다. 나는 면목이 없어 고개조차 들 수 없었다.

　엄마는 아이들이 또 탈출할까 봐 걱정인 듯했다.

　"자물쇠를 채우든가 해."

　케이지만 보면 그 소리였다. 물론 걱정이 안 되는 건 아니었지만 그렇다고 맹수도 아닌 래트 케이지에 자물쇠라니! 대신 빗장이 채워져 있음을 한눈에 알 수 있도록 파스텔 톤 빨래집게를 꽂아 두었다. 아이들의 탈출을 막는다기보다 내 실수를 경계하자는 의미였다.

　그럼에도 엄마의 잔소리는 계속됐다. 시달리다 못해 나는 엄마의 눈에 띄지 않도록 아예 케이지를 내 방으로 옮겨 버렸다. 엄마도 말리지 않았다. 그렇게 우리 집에 온 지 약 1년 만에 아이들은 내 방으로 쫓겨 들어왔고, 다시는 거실 땅을 밟지 못했다.

엄마는 케이지 근처에 얼씬도 하지 않았다. 하긴 동물을 입양한 직후에만 관심을 보이고 금세 시들해지는 게 평소 엄마의 패턴이었으니 서운할 일은 아니다. 단지 이번에는 아이들이 사고를 아주 크게 치는 바람에 평소보다 더 싸하게 애정이 식었을 뿐.

그래도 가끔 내 방에 들어오면 엄마는 물끄러미 케이지 안을 들여다보았다.

"한 놈은 어디 갔어?"

"잘 봐. 다른 놈 밑에 있잖아."

지은 죄가 있는 놈들이라도 가끔 안부가 궁금한 듯했다.

괜스레 어깃장을 놓을 때도 있었다.

"쥐는 왜 데려와서 이 사달을 내니?"

"뭐가 그렇게 불만이야. 똥도 내가 치우고 밥도 내가 주는데. 엄마는 손가락 하나 까딱 안 하면서. 땡전 한 푼 보태 준 적 없잖아."

큰소리쳤지만 엄마의 오븐을 생각하면 지은 죄가 크다. 아이들과 나는 어디까지나 죄인. 죄는 미워하되 사람은 미워하지 말라는 말처럼 죄는 미워하되 쥐는 미워하지 말자고 말하고 싶지만 그게 쉬운 일은 아니다. 야속하게 엄마 친구들까지 집에서 무슨 쥐를 키우냐고 훈수를 두었고 덕분에 엄마는 완전히 반쥐파로 돌아섰다.

탈출 사고가 다 정리된 후에야 래트 포획틀을 주문했다. 만약의 사고에 대비하기 위해서였다. 다행히 포획틀을 사용할 일은 생기지 않았다. 사건 이후 문단속을 철저히 한 덕분이다. 혹시 아이들이 탈출했나 싶어 자려고 누웠다가도 벌떡 일어나서 케이지의 빗장과 빨래집게를 발작적으로 체크하곤 했다.

다시 같은 공간에서
함께 살다

● 거실 시대는 막을 내리고 새로운 시대가 열렸다. 무대가 방으로 이동하여 아이들의 유배 생활이 시작되었다. 1년 전, 아이들을 입양했을 때 가구로 테트리스를 한 후 깨달은 바가 있었던 나는 꾸준히 심플라이프를 실천해 왔다. 덕분에 이번에는 케이지를 넣을 공간이 확보되어

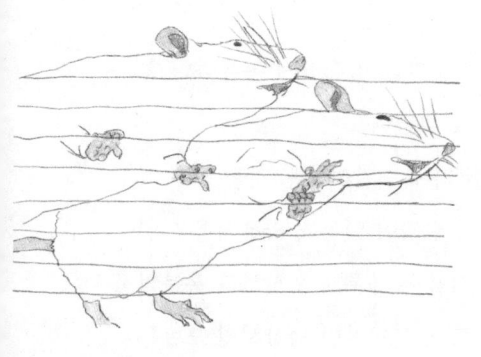

있었다.

악취도 문제가 되지 않았다. 그간 아이들을 돌보면서 청소가 몸에 배어 있었다. 배설물이 보이는 족족 치웠더니 악취로 고통받을 일도 없었다. 입양 당시 실험실 연구원들은 냄새가 날 거라고 걱정했으나 막상 같이 지내다 보니 래트 자체는 냄새나는 동물이 아니었다. 사람에 따라 다르겠지만 개인적으로 체취를 거의 느끼지 못했다. 덕분에 좁은 방 안에서 아이들과 별다른 불편 없이 지낼 수 있었다.

반려동물의 냄새란 반려인의 게으름이 만든 냄새일지도 모른다. 어떤 동물이든 비위생적인 환경 속에 있으면 냄새가 나게 마련이다. 인간도 자기가 싼 똥오줌 속에 있으면 냄새를 풍긴다. 냄새가 난다 싶으면 나는 내 게으름지수를 돌아본다.

유배로 인해 구름, 별과의 물리적 거리가 가까워지면서 그동안 몰랐던 모습을 발견하는 것은 예상치 못한 기쁨이었다. 사실 아이들이 거실에 있는 동안에는 괜히 바깥에 내팽개쳐 둔 것 같아서 마음이 편치 않았다. 나는 집 밖은 물론이고 방 밖에도 잘 나가지 않아서 같은 집에 살면서도 아이들의 얼굴을 자주 볼 수 없었기 때문이다. 생활공간을 밀접하게 공유하니 함께 산다는 의미와 더 부합하는 것 같았다.

구름과 별이 바스락거리는 소리에 민감하다는 것을 알게 됐다. 나는 매일 밤 같은 시간에 먹는 약이 있는데 약봉지를 꺼낼 때면 아이들은 얇은 유산지 소리를 날카롭게 포착하고 흥분의 도가니에 빠졌다. 야속할 정도로 시큰둥하던 평상시의 모습은 온데간데없었다. 귀를 쫑긋 세우고 두리번거리는 아이들의 모습에 장난기가 발동한 나는 코앞에서 빈 약봉지를 들고 흔들곤 했다. 그러면 아이들은 약이 바짝 올라서 쇠창살 밖으로 고사리손을 뻗어 허우적댔다.

쥐에게는
쥐구멍이 필요하다

아이들이 집에 온 지 얼마 안 되었을 무렵, 그래서 꼬리의 표시로 누가 누구인지 구분할 수 있었던 무렵, 별의 얼굴에 탈모가 생겨 마음을 졸인 적이 있다. 알고 보니 몸을 숨길 곳이 마땅치 않아 불안해서 오버그루밍을 한 흔적이었다. 천적이 많은 쥐과 동물은 본능적으로 몸을 숨기고 싶어 하므로 래트에게도 몸을 숨길 구멍, 은신처가 필수임을 나중에야 알았다. 별처럼 낯가림이 심한 래트라면 더더욱 그렇다.

추운 겨울을 앞두고 보온을 생각하여 해먹을 달아 주니 별의 탈모는 말끔히 사라졌다. 해먹이 마음에 들었는지 온종일 해먹 안에 틀어박혀 코빼기도 내비치지 않았는데 며칠 못 본 사이에 탈모가 호전되었다. 진작 달아줄걸. 더 일찍 알아차리지 못한 게 미안할 따름이다.

사실 래트 용품은 따로 없다. 아예 코너 자체가 없어서 크기가 비슷한 토끼나 친칠라 등 다른 소동물 용품 코너를 기웃거려야 한다. 그래서 처음에는 래트가 쓸 만한 해먹이 있는 줄 몰랐는데 래트 커뮤니티에서 우연히 해먹 판매글을 발견했다. 겨울에 맞게 따뜻한 극세사 천으로 만든 해먹이었다. 덕분에 아주 시의적절하게 장만할 수 있었다. 래트 커뮤니티 만만세!

아이들이 좋아할지 어떨지 몰라 일단 하나만 주문했는데 판매자가 업체가 아닌 개인이어서 해먹을 받기까지 3주 가까이 걸렸다. 같이 래트를 키우는 입장에서 소일거리 삼아 만들어 파는 듯했다. 나로서는 팔아 주는 것만으로도 감지덕지 고마운 일이었다.

문제는 무엇이든 닥치는 대로 갉는 아이들의 습성이 해먹에도 어김없이 발휘되었다는 점이다. 해먹은 나날이 너덜너덜해져 갔다.

'봄이 되기 전에 망가지면 어떡하지.'

아무래도 해먹이 없으면 추울 것 같았다. 불안해졌다. 아무 때나 살 수 있는 물건도 아니었다. 겨울은 아직 한참 남았고 내년 겨울도 생각해야 했다. 파는 사람이 있을 때 얼른 쟁여 두자 싶어서 판매자에게 다시 연락을 했다. 그런데 소일거리로 만들기에는 주문이 너무 쇄도했던 모양이다. 해먹 만들기에 지친 판매자는 더 이상 주문을 받지 않았다.

눈앞이 캄캄했다. 조바심이 났는데 다행히 곧 새로운 소동물 용품점을 발굴했다. 천으로 만든 베딩이나 은신처로 정평이 난 곳이었다. 나는 천으로 된 포치를 하나 주문했다. 삼각형의 치즈 조각 모양(17×20×17센티미터)의 포치였는데 당시 래트가 들어갈 만한 제품은 그것뿐이라 선택의 여지가 없었다. 그런데 아이들은 포치를 하루 만에 망가뜨렸다. 뭐가 마음에 안 들었던 걸까. 혹시 디자인이 별로였나.

망가졌으니 어쩔 수 없었다. 포치를 떼고 다시 해먹을 달아 주었다.

오줌 테러

● 은신처는 천으로 된 것 외에도 여러 종류가 있다. 그래서 계절에 맞게 바꿔 다는데, 기분도 전환되고 고르는 재미도 쏠쏠하다. 애써 고른 물건을 아이들이 써 주지 않으면 속상하지만 잘 써 주면 그렇게 뿌듯할 수가 없다. 그 맛에 아이들 용품이라면 덥석덥석 샀다.

날이 따뜻해지자 극세사 해먹을 떼고 전부터 눈여겨 봤던 집 모양의 원목 은신처를 구해 달았다. 삼나무로 만들어져 아이들이 갉아도 안전하고, 건강에 좋은 피톤치드도 나온다고 했다. 방 안을 삼나무로 도배하지 않는 이상 손바닥만 한 원목 은신처의 피톤치드 효과는 미미할 것 같았지만 그래도 케이지에 매다니 근사하고 아늑해 보였다.

그런데 구름과 별이는 유독 원목집에만 들어가면 오줌을 쌌다. 해먹 안에서는 잘 참던 오줌을 어째서 원목집 안에서는 못 참는지 정말 의문이었다. 오줌이 스민 나무 위에서 뒹구는 아이들을 두고 볼 수 없어서 결국 원목집을 철거했다. 그곳은 아이들에게 화장실이나 다름없었다.

해먹에만 들어가면 오줌을 싸는 아이들도 있다고 한다. 아이들마다 습성이 다른 모양이다.

래트는 소변 훈련이 어렵다는 소문이 파다하다. 케이지 한 구석에 매끄러운 돌을 놓아두면 화장실로 인식하고 그곳에 오줌을 눈다는 말도 있지만, 구석이란 구석에는 다 누고 다닌다는 말도 있다. 한곳에서 누게 하고 싶어도 반려동물이란 좀처럼 반려인의 마음대로 되지 않는 법이다.

대변 실수는 거의 없다. 우리 아이들은 꼭 1층의 정해진 구석에서만 대변을 보았다. 다른 집 아이들도 대변만큼은 잘 가린다고 했다. 기특하면서도 신기한 일이다.

실험실 밖에
또 다른 실험실이

● 세상의 쥐는 다 똑같다고 생각해 왔다. 아니, 쥐에 대해 이렇다 할 생각 자체가 별로 없었다. 그런데 실험실 래트를 입양하고 래트 커뮤니티를 들락거리면서 쥐의 다양함과 래트의 다채로움에 눈뜨게 됐다.

사실 실험 쥐는 흰 쥐만 있는 것이 아니다. 흰 쥐가 압도적

= 털색과 무늬 = coat colors : marked rats

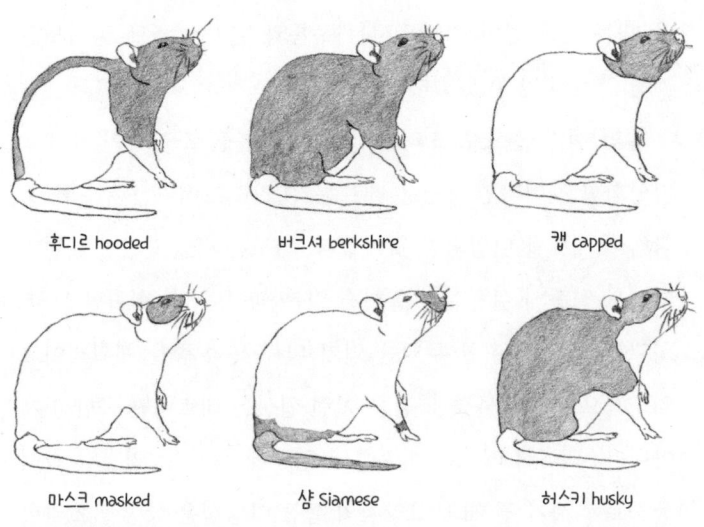

으로 많아서 흰 쥐만 있는 것처럼 보이지만 검은 쥐와 갈색 쥐도 있다. 그리고 똑같이 생긴 실험 쥐라고 해도 속을 들여다 보면 각기 다른 특성을 가진 다른 질환의 모델 쥐임을 알 수 있다. 그 종류가 무려 2,500여 종에 달한다. 그런데 내가 놀란 것은 그게 아니었다. 애완용 래트의 종류 역시 실험 쥐와는 또 다른 의미에서 다양했다.

애완용 래트는 귀 모양에 따라, 털의 색깔이나 질감에 따라, 또 무늬에 따라 모프morph(유전자를 변형해 개량한 개체)명이 달라진다. 모 덤보 블루 후디드, 스탠 아구티 허스키 등 처음 들었을 때는 암호 같아서 나로서는 구름과 별이는 스탠 알비노인 것만 간신히 알 수 있었다.

실험 쥐가 겉으로 드러나지 않는 부분을 조작하여 개체를 다양화한 것이라면 애완용 래트는 겉으로 드러나는 부분을 조작하여 개체를 다양화한 것이었다. 의도는 다를지언정 실험실 밖에도 일종의 실험실이 펼쳐져 있는 셈이다. 더 희귀한 모양, 희귀한 색깔, 희귀한 무늬를 얻기 위해 특정 종을 계획적이고 의도적으로 교배시켰다. 물론 이런 현상은 래트에만 국한된 게 아니다. 오히려 래트는 비주류의 영역에 속한다. 인간의 반려동물로 역사가 긴 개와 고양이의 품종 다양성은 상상을 초월한다. 긴 허리, 털 없는 고양이, 눌린 코, 짧은 다리 등 같은 종에서 나온 것이라고 믿기 어려울 정도다.

더 예쁘고 귀엽게 개량된 종이 인간의 마음을 사로잡는 것은 틀림없다. 나도 래트 커뮤니티에 올라오는 다채로운 래트의 모습에 마음을 홀딱 빼앗겼으니까. 털이 푸른빛을 띠는 아이, 코에 짙은 그라데이션이 진 아이, 털 없이 맨살을 드러내고 있는 아이 등등. 내게는 이미 두 아이가 있는데도 또 다른 아이를 소유하고 싶을 정도로 마음이 혹했다.

아가 래트
입양

● 모프에 눈을 뜬 나는 아가 래트의 입양글이 올라오면 나도 모르게 클릭을 했다. 아직 털이 나지 않아 핑크색 살이 맨들맨들하거나 갓 자란 솜털이 보송보송한 아이들은 세상의 모든 아가가 그렇듯이 치명적으로 귀여웠다.

그러던 여름의 끝자락, 같은 지역 사람의 입양글을 보고 가정 교배로 태어난 아가 래트 두 마리를 덜컥 추가로 입양하게 되었다. 이제 막 젖을 뗀 덤보 dumbo (귀가 크고 둥근 모프) 래트 형제. 한 아이는 베이지색 무늬가 머리에서 등까지 이어져 있는 샴 허스키고, 다른 아이는 하얀색 무늬가 배면에 길게 늘어져 있는 블랙 버크셔였다. 구름과 별을 데려온 지 일 년이 조금 지난 시점이었다.

입양 날, 이번에도 실험 쥐를 입양할 때 가져갔던 것과 똑같은 햄스터 케이지를 가지고 갔다. 약속 장소는 집 근처 역. 분양자는 손바닥만 한 채집통에 두 아이를 담아 들고서 나타났다. 생후 3~4주가량 된 아이들이라고 들었는데 생각보다 너무 작아서 놀랐다. 실험 쥐를 데리러 갔을 때가 떠올랐다. 그때는 아이들이 생각보다 컸기 때문에 이번에도 그만큼 클 줄 알았는데, 몇 주 차이가 이렇게나 크다니. 항상 예상을 빗나가는 아이들이다.

'나도 채집통을 들고 올걸.'

쓸데없이 큰 케이지를 들고 나왔다는 생각에 괜히 억울해졌다.

덤보 형제는 아직 아가라서 이유식을 먹여야 한다고 했다. 그런데 나는 한 번도 동물에게 이유식을 먹여 본 적이 없었다.

"저는 사료를 물에 불려서 주었어요."

분양자의 조언에 따라 실험 쥐에게 급여하던 래트 믹스를 곱게 빻아서 물에 불려 주었다. 먹는 것이 바뀌었는데 기특하게도 형제는 내가 만든 이유식을 아주 잘 먹어 주었다.

래트는 순식간에 성장하여 생후 2주면 눈을 뜨고, 생후 3~4주면 젖을 뗀다. 생후 5~6주가 되면 번식할 수 있어서 암수를 분리해야 하고, 생후 6개월부터는 성체로 분류한다. 놀라운 성장 속도다. 인간은 태어나서 스스로 밥을 먹는 데만도 몇 년은 족히 걸리는데, 래트는 단 몇 주 만에 젖을 떼고 이유식을 한다. 그렇게 빠른 성장 속도를 보이는 아이들이니 몇 주 차이가 이렇게 크다.

방 안 가득 퍼진 고소한 곡물 냄새 속에서 내가 만든 특제 이유식을 맛있게 먹는 형제를 흐뭇하게 지켜보았다. 그러나 이런 흐뭇한 시간은 얼마 가지 않았다. 이유식은 단 며칠 만에 끝나 덤보 형제도 기존 아이들과 같은 사료를 먹게 되었다.

파양되는 래트는
우리 아이들 동기일까?

반려동물을 한 번에 셋 이상 키우지 말자고 늘 생각해 왔다. 열대어를 키울 때 개체수가 급증하는 바람에 어항을 관리하느라 톡톡히 고생했기 때문이다. 구피가 보름이 멀다 하고 치어를 열 마리씩 낳는 물고기인 줄 몰랐다. 그 후로는 무조건 같은 성별로 최대 두 마리까지만 키웠다. 그런데 래트를 키우면서 원칙이 깨졌다. 다른 모프를 키워 보고 싶은 욕심에 더해 실험실 래트가 아닌 래트는 어떤지 호기심이 일었다.

래트는 원래 온순한 동물로 핸들링이 쉬워서 외국에서는 인

= 털색 =
coat colors : self rats

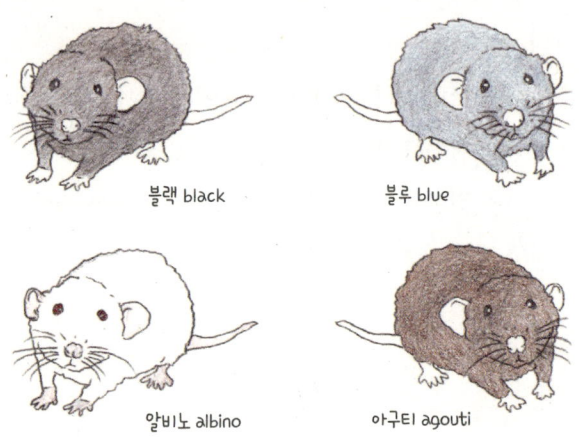

기가 많다고 한다. 쥐계의 개라고도 불리고, 사람 무릎에 올라오기를 즐기는 아이는 '무릎쥐'라고 부른다고도 했다. 그러나 핸들링에 실패한 내게 그건 먼 나라 이야기였다. 실패는 자연스럽게 우리 아이들은 왜 이럴까 하는 의문으로 이어졌고, 모든 화살이 실험실로 돌려졌다. 구름과 별이 까칠한 이유는 실험실에서 얻은 트라우마일 것 같았다.

한번은 우리 집 래트의 동기 래트, 즉 그때 입양된 20마리 중 한 마리였던 것으로 추정되는 아이를 래트 커뮤니티의 입양 게시판에서 봤다. 그 아이도 스탠 알비노에 레드 아이 red eye였고, 우리 아이들과 생김새가 같을 뿐더러 개월 수도 비슷했다. 사진 속의 심플한 리빙 박스와 바닥에 깔린 해동지까지 어딘지 모르게 낯이 익었다.

  '설마, 아니겠지.'

  개인 사정상 키우지 못하게 된 지인을 대신하여 새 주인을 찾는다고 하던데 그 아이도 사람의 손을 타지 않는 모양이었다. 그래서 재분양 전선에 뛰어들게 되었을까? 자기 뜻대로 통제할 수 없자 아이에게 싫증이 났나? 의심이 많은 내 머릿속에는 그런 생각부터 스쳤다. 직접 문의한 건 아니니 정말 20마리 중 한 마리인지는 확실하지 않지만.

  한편으로 그 글은 내게 힌트가 되었다.

  '역시 우리 아이들만 이런 게 아니었어.'

  그 아이가 정말 우리 아이들의 동기라면 구름과 별이 까칠한 것도 어느 정도 설명이 된다 싶었다. 둘 다 실험실 출신이기 때문이다! 혼자 멋대로 그렇게 확정 지었다.

  그 아이가 불쌍했다. 구름과 별을 거두었듯이 그 아이도 내가 거두어야 할 것만 같은 의무감이 들었다. 하지만 상처받은 모든 아이를 내가 보듬을 수는 없다. 그리고 나도 이젠 상처받지 않은 아이를 키워 보고 싶었다. 그런 나 자신이 참으로 냉정하게 느껴졌다.

어떻게 해 줄 수 있는 것도 아닌데 자꾸만 마음이 쓰여 한동안 그 글을 주시했지만 그 아이가 새 주인을 만났다는 소식은 듣지 못했다. 그리고 그 글은 점점 내 기억 속에 묻혀 갔다. 그 아이는 다른 좋은 반려인을 만났을까?

애정을
나눈다는 것

● 최대 두 마리라는 원칙을 깨고 설레는 마음으로 맞이한 덤보 형제. 가정 교배된 집쥐는 이름을 부르면 쪼르르 달려오겠지 싶었다. 나는 또 기대에 부풀어 부랴부랴 이름을 지었다. 1년 만에 난데없이 새로 등장한 쥐에 엄마는 화난 기색이었기에 이번에는 눈치껏 혼자 지었다. 털 색깔이 누런 아이는 모래, 검은 아이는 먼지라고 부르기로 했다. 의도한 것은 아니지만 어쩐지 구름, 별과 잘 어울리는 이름이라 만족스러웠다.

그런데 한 달도 지나지 않아 모래의 털빛은 이름이 무색

하게 차츰 흐려지더니 완전히 하얘지고 말았다. 알고 보니 샴 허스키는 색이 빠지는 특성이 있었다. 결과적으로 내 방에는 흰 쥐가 한 마리 더 늘었다. 나는 대체 무엇 때문에 모프에 집착했던 걸까. 게다가 구름, 별이랑 마찬가지로 모래랑 먼지도 절대 내 부름에 달려오는 법이 없었다. 불러도 오지 않는 것을 여태까지 실험실 탓으로 돌렸는데 사실 모든 잘못은 내게 있었는지도 모른다.

내 방 래트는 총 네 마리가 되었다. 나는 그들을 공평하게 대하기 위해 무진 애를 썼다. 누구 하나 서운하지 않도록 청소에도 시간을 똑같이 들이려고 했고, 돌봄에도 똑같은 노력을 기울이려고 했다. 그런데 아이가 두 마리 늘어나면 사랑도 두 배가 되어야 하는데 어째 2분의 1이 되어 버린 것 같았다. 2분의 1이면 그나마 낫다. 한동안 새로 온 아이들에게 더 관심이 갔던 것이 사실이다. 불렀을 때 달려오지는 않았지만 아직 아가인 그들은 귀엽고 깜찍했으며 붙임성도 훨씬 좋았다.

반려동물이 많은 가정에서는 아이들의 다툼을 예방하기 위해 반려인이 애정 조절을 한다는데 그건 래트도 마찬가지일 것이다. 사람도 형제가 많으면 부모의 사랑을 놓고 미묘한 신경전을 벌이게 마련이다. 물론 우리 아이들은 나에게 더 사랑을 받고 싶어서 다투지는 않지만 중요한 것은 내 마음의 문제다.

새로운 아이들을 입양하면서 구름과 별에게 갈 애정이 줄어든 것 같아서 견딜 수 없었다. 이럴 줄 알았으면 새로운 아이들을 입양하지 않았을 거라고, 나중이 되어 반성했다.

새로운 아이들을 입양하고 나와 엄마의 관계는 살짝 험악해졌다.

"방이 아주 쥐판이구나."

어쩌다 내 방에 들어올 때면 엄마는 혀를 끌끌 차며 비아냥거렸다. 그러고 보면 쥐가 네 마리로 늘면서 엄마에게 가는 내 애정도 그만큼 줄었는지도 모른다. 쥐와의 관계도 엄마와의 관계도 참 쉽지 않다.

래트
액체설

모래와 먼지를 입양하고 한 두 달은 혼이 날아갈 지경이었다.

우선 기존 아이들의 케이지와 같은 케이지를 주문한 것부터가 실수였다. 아직 몸집이 작은 덤보 형제를 가두기에 그 모델은 쇠창살 간격이 2.5센티미터로 너무 넓었다. 고양이 케이지로 나온 제품이기 때문이다. 아직 어린 모래와 먼지에게는 1센티미터 내외의 창살 간격이 적당했다. 그렇다고 케이지를 다시 살 수는 없었다. 아이들이 언젠가 자랄 테니 일단 쓰면서 성장을 기다리기로 했다. 그러나 한 주가 지나고 두 주가 지나도 상황은 여전했다. 적당히 자란 것 같은데도 모래와 먼지는 여전히 쇠창살 사이로 쑥쑥 빠져나왔다. 마치 액체처럼. 고양이 액체설이라는 것이 있던데 래트도 액체임에 분명했다.

급한 대로 일단 사방을 판자와 종이로 막았으나 얄팍한 종이는 래트의 날카로운 이빨 앞에서 무용지물이었다. 싸한 느낌이 들어서 케이지 쪽을 보면 형제는 어김없이 탈출하여 유령처럼 케이지 근처를 배회하고 있었다. 밖에서 배회하는 아이들을 발견하는 족족 열심히 잡아다가 케이지 안으로 돌려보냈다. 자다가도 벌떡 일어나서 잡아넣고 아침에도 일어나자마자 잡아넣었다. 이 작업은 한동안 지루하게 되풀이되었다.

덤보 형제는 착실하게 살이 차올랐다. 특히 배 부분에 살이 올라 머리는 빠져나왔는데 몸통은 빠져나오지 못해 쇠창살 사이에 끼인 채 발견될 때가 많아졌다.

끼인 채 낑낑대는 녀석을 손가락으로 쑥 밀어 넣어서 탈출 시도는 번번이 실패! 탈출에 성공하더라도 모래와 먼지는 누구누구와 달리 싱크대 밑에 들어가 두문불출하지 않았다. 그저 밖에 나와져서 나왔을 뿐이라는 느낌으로 한가로이 방 안을 거닐다가 순순히 잡혀서 해맑게 케이지로 돌아갔다.

두 동의 아파트가
들어서다

● 모래와 먼지의 탈출은 다시 얼른 잡아넣으면 되니 큰 문제가 아니었다. 하지만 탈출한 아이들이 구름과 별이의 케이지에 들어간다면 큰 문제가 될 수 있었다. 체급 차이가 컸기 때문이다. 번지수를 잘못 찾아갔다가 유혈 사태로 번질까 봐 걱정이 되었다. 서로에게 호의적인지 적대적인지는 미지수였다. 그러니 멀찍이 떼어 놓고 낌새를 살펴야 했다. 내 눈에 신참 그룹은 별생각이 없어 보였다. 하지만 고참 그룹은 왠지 심란해 보였다. 자꾸만 철장에 붙어 건너편 케이지를 노려보는 듯했다.

상대방에게 익숙해지는 데는 시간이 좋은 약이다. 시간이 어느 정도 지나자 두 그룹 사이에 안정감이 싹트기 시작했다. 두 개의 케이지는 비로소 나란히 놓였다. 내 방 인테리어도 안정감을 되찾을 수 있었다. 만세!

  두 케이지는 방의 한쪽 벽면을 다 차지한 채 엄청난 위압감을 발했다. 난데없이 아파트 두 동이 들어선 것 같았다. 그런데 또 문제가 생겼다. 구름과 별이가 모래와 먼지를 향해 냅다 오줌을 갈기기 시작했다. 난감했다. 쥡사 고생하라고 일부러 그러는 건 아닐 것이다. 하지만 덕분에 나는 매일 아침마다 방바닥에 흩뿌려진 오줌을 닦느라고 고생을 했다.

  오줌 세례를 퍼부은 이유는 알 수 없다. 덤보 형제에 대한 관심의 표현인지, 중성화수술을 해 주지 않아서 드러나는 본성인지. 아이들의 깊은 의도를 헤아릴 수 없었다. 근데 내가 화를 낼 자격은 없어 보였다. 서로 어울려 놀고 싶을 텐데 마치 약을 올리기라도 하듯 불과 몇 센티미터 간격으로 케이지를 띄워 놓았으니 말이다. 더욱이 나이 차이가 난다고는 해도 그들은 한

창때의 남녀 래트가 아닌가. 죄인이 된 나는 그저 오줌에 절은 바닥을 묵묵히 닦아드릴 따름이다.

  어쨌든 구름과 별에게는 모래와 먼지가 합류함으로써 새 친구가 생겼다. 무리 동물이니 동료를 만나 자신들의 세계를 조금 확장할 수 있을지 모른다. 사람에게 사람이 필요한 것처럼 래트에게도 래트가 필요하다. 구름과 별의 곁에는 모래와 먼지가, 모래와 먼지의 곁에는 구름과 별이가 함께했다. 구름과 별이는 옆 동 모래와 먼지에게 관심을 보였고, 모래와 먼지도 옆 동 구름과 별에게 관심을 보였다.

  래트는 초음파로 대화한다는 기사를 보았다. 쓰다듬을 때나 간질일 때도 인간의 귀에는 들리지 않는 초음파로 웃는다고 했다. 어쩌면 구름과 별이는 모래, 먼지와 나 모르게 서로 많은 대화를 나누고 웃음을 주고받을지도 모른다. 이성 간에는 더 복잡한 초음파 패턴이 발생한다고 하니 어쩌면 사랑의 밀어를 나눌지도, '쟤 멍청해.'라며 내 뒷담화를 할지도 모르는 일이다. 서로 바라보기만 하지만 떨어진 상태에서도 즐거운 시간을 보내기를 바랐다.

아이들에게
나는

1년이 지나도록 구름, 별과 시종일관 데면데면하게 지냈다. 여전히 아이들 몸에 손 한 번을 대 볼 수 없었다. 그래도 그들에게는 서로가 있었다. 아이들만 외롭지 않다면 나는 아무래도 괜찮았다. 어떻게 하면 조금이라도 그 둘 사이에 낄 수 있을지 전전긍긍하지 않았다.

반려동물이라고 반려인에게 꼭 살갑게 굴 필요는 없다. 우리 아이들은 그냥 그런 아이들이다. 그러니 있는 그대로를 받아들이자. 곁에 있어 주는 것만도 어디인가. 이런 관계도 얼마든지 성립할 수 있으리라. 이렇게 생각하며 구름, 별이랑 함께했다.

친구가 될 수 없다면 나는 아이들에게 자연이고 싶었다. 규칙적으로 신선한 물과 먹이를 제공하고 환경을 매만져 주는 다정한 자연. 굳이 아이들이 내 존재를 의식할 필요는 없다. 인간이 자연을 매순간 의식하지 않듯이.

반면 모래, 먼지와는 시종일관 화기애애했다. 두 아이에게는 서로가 있었고 또 내가 있었다. 나는 그들 세계의 일원이었다. 살가운 모래와 먼지에게는 좀 더 많은 것을 해 줄 수 있었다. 덥석 잡아도 버둥거리지 않는, 아직 세상에 마모되지 않아서 매끈매끈하고 말랑말랑한 그들을 나는 자주 어루만져 주었다.

누군가에게 받아들여진다는 것은 기분 좋은 일이다. 상대가 말 못 하는 작은 동물일지라도 그렇다. 실험실을 겪지 않았더라면 구름과 별도 그들의 세계에 나를 일원으로 받아들일 수 있었을지 궁금하다. '만약'을 생각해 봤자 소용이 없다는 것을 아는데도 모래와 먼지를 데려온 후로 '만약'을 상정하는 횟수가 부쩍 늘었다.

집쥐는 실험 쥐를 만나러 간다

● 케이지 청소 시간은 결코 길지 않은 30분. 그 잠깐 동안 모래와 먼지는 외출을 허락받는다. 케이지 안을 닦는 동안 자꾸만 내 손에 엉겨붙기 때문이다. 후딱 청소를 마치려면 밖으로 내보내는 것이 상책이다.

잠깐이나마 바깥 땅을 밟게 하려는 마음도 있다. 래트 커뮤니티에서도 방목을 많이 권한다. 방목 사육으로 동물복지인증을 받은 돼지나 닭도 있으니 방목이 좋긴 좋을 것이다. 건강한 동물이 안전하고 맛도 좋다는 논리라면 대체 누구를 위한 동물복지인증이고 방목인가 싶지만 순수하게 동물의 행복한 삶을 위한다는 측면도 있으리라.

단, 방목할 때는 아이들이 들어갈 만한 구멍을 모두 틀어막고 전선에는 전부 보호캡을 씌우는 등 만반의 준비를 해야 한다. 뭐든 닥치는 대로 갉기 때문에 벽지와 장판, 커튼은 결코 무사할 수 없고, 원목 가구의 안위도 보장되지 않는다. 방심했다가는 누구처럼 구석에 기어들어가 전선을 뜯어먹으며 농성을 벌일지도 모른다.

구름과 별이는 이미 농성을 벌인 전적이 있으므로 방목은 불가능했다. 그 사건 이후로도 종종 탈출했는데 성격이 더욱 날카로워져서 어쩌다 밖에 나온 아이들을 무사히 잡아서 케이지에 넣으려면 전보다 몇 배는 더 진땀을 빼야 했다. 모래와 먼지는 되고 구름과 별이는 안 되니 차별하는 것 같아서 마음이 켕겼지만 핸들링이 안 되어 어쩔 수 없었다. 어쩔 수 없는데도 미안했다.

위로가 될지 모르겠지만 대신 청소는 항상 구름과 별의 케이지가 먼저였다. 모래와 먼지는 신참답게 기다리는 것이 원칙이다. 얌전하게 차례를 기다리다가 마침내 청소가 시작되어

케이지 문이 열리면 형제는 쪼르르 달려 나왔다. 래트는 똑똑해서 자신이 갔던 장소, 지나갔던 길을 기억한다고 하니 어쩌면 그들에게는 집을 나서기 전부터 다 계획이 있었을 것이다. 오늘은 어디로 가자면서 문이 열리기 전부터 고대하고 있었는지도 모른다.

모래와 먼지는 종종 구름과 별을 만나러 옆 동으로 갔다. 혹시 외출할 수 없는 누나들을 약 올리러 가는 것은 아닐까 걱정했는데 두 그룹은 평화롭게 서로의 체취를 맡았다. 약을 올린다는 개념 자체가 그들 세계에는 아예 없을지도 모른다. 모래와 먼지가 찾아가지 않는 날이면 혹시 구름과 별이 쓸쓸해할까 봐 괜히 내가 다 서운했다. 하지만 서운하다는 개념도 그들 세계에는 없을지도! 모든 것이 내가 멋대로 지어낸 상념일 뿐이다.

모래와 먼지는 한 번 발걸음한 곳은 잊지 않고 다시 찾았다.

케이지 바깥에 또 다른 세상이 있음을 아는 듯했다. 어쩌면 구름과 별도 싱크대 밑을 잊지 않고 그리워하고 있을지도 모른다. 하지만 아이들을 영영 잃을까 봐 구름과 별을 케이지에서 꺼내 주지 못했다. 그게 늘 미안했다.

데칼코마니

나란히 놓인 구름과 별의 케이지와 모래와 먼지의 케이지. 나는 그곳을 좌우대칭이 되도록 꾸며 주었다. 그러자 아이들의 행동도 좌우대칭이 되어 그 안에서는 날마다 데칼코마니 같은 풍경이 펼쳐졌다.

각 동은 3층으로 되어 있다.

1층은 일종의 놀이터다. 은신처 안에 틀어박혀 있던 아이들은 바람을 쐬고 싶어지면 슬금슬금 1층으로 내려온다. 1층에는 쳇바퀴가 있는데, 낮에는 본래의 용도와 다르게 보통 벤치로 이용된다. 쳇바퀴가 진가를 발휘하는 시간대는 밤이다. 밤 10시가 넘으면 이름하여 '래트 랜드'가 야간개장을 하고, 각 동의 1층은 문전성시를 이룬다. 쳇바퀴는 날이 새도록 수시로 돌아간다.

새벽에 문득 잠에서 깨어 귀를 기울이면 간간이 쳇바퀴 돌아가는 소리를 들을 수 있다. 밤마다 그 소리를 듣기 때문에 아무 소리도 안 들리면 오늘은 무슨 일 있나, 어디 아픈가 걱정이 되었다. 청각이 예민한 나는 귀마개가 없으면 잠을 못 이루고 조금이라도 소란하면 불면에 시달린다. 그런 내가 아이들이 노는 소리에는 놀랍도록 관대했다. 역시 누군가를 사랑하면 너그러워진다.

  2층에는 밥그릇이 놓인다. 늘 같은 시각에 같은 사료, 같은 간식을 같은 밥그릇에 담아 주는데 사료가 줄어드는 속도도 거의 똑같다. 단, 좋아하는 음식에는 차이가 있어서 구름과 별의 밥그릇에는 보리와 귀리가, 모래와 먼지의 밥그릇에는 말린 당근칩이 남는다. 구름과 별이는 딱딱한 곡물을, 먼지와 모래는

말린 채소를 별로 좋아하지 않았다. 그렇지만 다음 날이나 다다음 날 밥그릇을 맞바꾸면 남는 음식 없이 싹 비울 수 있었다. 식성 외에 아이들의 행동 패턴은 같았다. 가끔씩 밥그릇을 걸어차 사료를 엎어 버리는 것까지 판박이였다.

특식도 2층에 준다. 케이지의 중간 지점이라 1층에 있든 3층에 있든 접근이 용이하기 때문이다. 간혹 아이들이 너무 많이 먹어서 운동이 필요하다 싶을 때에는 일부러 3층에 준다. 상추는 아이들이 다 좋아해 먹기 좋게 썰어서 각 케이지의 똑같은 위치에 놓아둔다. 그러면 모두 토끼처럼 깡충깡충 뛰어와서는 상추 앞에 자리를 잡고 이파리를 아삭아삭 달게 먹기 시작한다. 속도가 어찌나 빠른지 상추는 금세 바닥난다. 또 그 소리가 어찌나 경쾌한지 귓가를 기분 좋게 간질인다.

은신처는 주로 3층에 둔다. 역시 같은 재질에 같은 디자인의 제품을 같은 위치에 달아 좌우대칭을 유지했다. 그 대신 색깔은 달리하여 포인트를 주었다. 쥐는 색맹이라고 하니 은신처가 빨간색이든 초록색이든 그들에게 별 의미는 없을 것이다. 하지만 아이들 케이지도 내 방의 일부인만큼 내게는 의미가 있었다. 소동물 반려인에게 케이지를 꾸미는 일은 소소한 즐거움이라서 은신처를 시즌마다 바꿔 달았는데 아이들은 처음엔 낯설어하다가 이내 적응하고 별다른 불만 없이 이용해 주었다.

래트는
심심하지도 않나

프리랜서인 나는 삶에 필요한 거의 모든 일을 방 안에서 해결한다. 먹고 자는 등의 일상은 물론이고 번역하고 출판하는 등의 업무까지, 원래 밖에 나가기를 그리 좋아하는 편이 아니라서 모조리 안에서 처리하다 보면 하루 종일 방 안에 머무르기 일쑤다. 그러면 자연스럽게 긴 시간 반려동물과 붙어 지내게 된다.

나는 일중독자다. 아침에 잠자리에서 일어나면 바로 옆 일터(책상)로 옮겨가서 밤에 다시 잠자리에 들 때까지 쉼 없이 일한다. 그것은 고통인 한편 내 삶의 낙이다. 그런 내게 또 다른 낙이 있다면 일하는 틈틈이 아이들을 들여다보는 것이다. 아이들은 지금 뭐 하고 있나 싶어서 케이지를 기웃거린다. 일이 잘 풀리지 않을 때면 그들 앞에서 하소연을 늘어놓기도 한다.

내 눈에는 아이들이 너무 잠만 자는 것처럼 비치기도 한다. 그나마 어릴 적에는 팔팔했던 것 같은데 한 살 즈음을 기점으로 쳇바퀴도 잘 돌리지 않고 대부분의 시간을 축 늘어져 있는 듯 보였다. 바쁘게 일하는 사람 옆에서 잠만

잔다고 타박하는 것은 아니다. 부러울 때도 있다. 아니, 거의 매번 부럽다. 하지만 자는 게 죄는 아니다. 신생아가 그렇듯이 래트도 자는 게 일일 수도 있다. 그런데 불현듯 이런 생각이 들었다.

'저렇게 갇혀서 잠만 자면 심심하지 않을까?'

만약 나였으면 무료해서 미쳐 버렸을 것이다.

아이들도 자연 속에서는 잠만 자는 일 없이 더 활달하고 자유롭게 세상을 누볐을지 모른다. 자연 속에서라면 스스로 먹이를 구하고 천적으로부터 몸을 보호해야 했을 것이다. 당연히 갇혀 있는 것보다는 그쪽이 나았을 텐데…. 도대체 무슨 권리로 내가, 인간이 그들을 가둔단 말인가. 그런 생각에 괴로울 때도 있었다.

하지만 하늘을 나는 새도, 새장에 갇힌 새도 그 나름의 삶이 있듯이 래트에게도 저마다의 삶이 있겠지. 들판을 달리는 래트도, 케이지에 갇힌 래트도, 실험대에 오른 래트도. 운명은 어쩔 수 없다. 갖지 않아도 될 죄책감을 스스로 만들어 짊어지지 말자고 생각했다.

'비록 갇혀 있지만 내가 안전한 곳에서 먹여 주고 재워 주고 있으니 부디 나를 이해해 줘.'

양해를 구해 본다.

갇혀 있어서 심심할 거라는 것도 순전히 나만의 생각이다. 나는 그들을 너무 내 잣대, 즉 인간의 잣대로 보고 있다. 도리어 그들 눈에는 내가 너무 피곤하게 사는 것처럼 비칠 가능성이 다분하다.

'저렇게 일만 하면 피곤하지 않을까?'

예의 그 초음파로 나를 비웃는 소리가 들려오는 듯하다. 그들의 하루하루가 그들 기준에서는 최대한 즐겁기를.

오밀조밀 쫀쫀한 분홍색
발볼록살

● 언젠가 래트의 어디가 제일 사랑스럽냐는 질문을 받은 적이 있다. 모든 부분이 골고루 사랑스럽지만 내 대답은 발. 인형처럼 아기자기한 발이 그렇게 사랑스러울 수가 없다. 그 섬세한 발가락하며 나란한 발톱하며 오밀조밀한 발볼록살 paw pad (동물 발바닥의 볼록한 부분. 개, 고양이는 젤리, 패드 등으로도 불린다)며. 래트의 발은 앞발가락 네 개(엄지는 퇴화하여 작은 돌기로만 남아 있다)와 뒷발가락 다섯 개로 되어 있는데 그 조그마한 발에도 발가락이 빠짐없이 달려 있어서 그 정교함에 늘 넋을 잃는다.

내가 아이들을 그린 그림 속 래트 발이 너무 사실적이라서 징그럽다는 의견에는 다소 충격을 받았다. 그것은 뭘 모르고 하는 소리다. 얼마나 치밀하게 생겼는데. 촉감은 또 얼마나 쫀쫀한데. 한 번 누르면 계속 누르고 있는 자신을 발견할 수 있다.

래트를 키우면서 불가사의한 점 중 하나는 보면 볼수록, 날마다, 새롭게 사랑스럽다는 것이다. 동물들이란 어쩜 그렇게 질리지도 않고 매일 사랑스러운지. 정말 희대의 수수께끼다. 매일 봐도 매일 예쁘고 매일 귀여운 그들을 나는 '이쁜 녀석', '귀여운 자식'이라고 불렀다. 멀쩡한 이름을 두고 모두 그렇게 지칭했다. 할머니가 모든 손자에게 '아이고, 이쁜 내 새끼' 하듯이.

그렇게 예쁜 아이들이니 사방에 털을 뿜는 것쯤은 참을 수 있다. 오렌지색 비듬을 떨구고 하얀색 각질을 날리는 것도 이해할 수 있다. 번갈아 가며 장판에 오줌을 갈기거나, 벽지를 쥐어뜯거나, 커튼을 찢어발기고, 전선을 씹고, 가구를 갉아 도처에 숱한 만행의 흔적을 남겨도 너그러이 봐줄 수 있다.

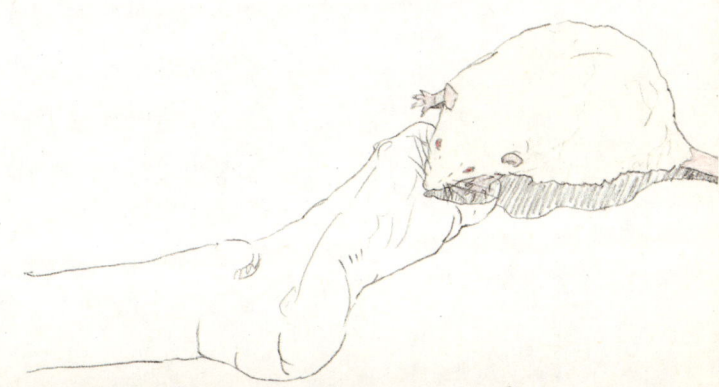

신뢰의 무게를
손바닥 위에

손가락만 보면 이빨을 드러내며 용수철처럼 달려드는 구름과 별이는 손가락을 말아 쥐고 손등을 보이면 그제야 머뭇머뭇 다가와 냄새를 맡는다. 정말 한없이 데면데면한 아이들이다. 그런데 모래나 먼지와는 이 무의미한 탐색전을 할 필요가 없다. 특히 모래는 붙임성이 좋아서 손! 하지 않아도 알아서 스스럼없이 다가와 자신의 두 손을 얹는다. 절대적인 신뢰의 무게가 내 손바닥 위에 실린다.

구름과 별이는 내게 아픈 손가락 같은 아이들이다. 래트와의 생활은 처음에 기대했던 것과 많이 달랐고 그런 만큼 나는 상당 부분 궤도를 수정하여 그들에게 맞춤형 사랑을 주어야 했다. 이를테면 느긋하게 지켜보는 사랑, 실수해도 용서하는 사랑. 하지만 그들은 점점 자신들의 세계로 들어갔다. 가급적 구름과 별을 1순위로 생각하려고 했지만 그 밖에 내가 해 줄 수 있는 것은 한정적이었다.

먼지와 모래는 만년 2순위로 누나들에게 양보해야 하는 남동생 같은 위치를 억지로 떠

말은 감이 있다. 스포트라이트는 온전히 실험실에서 나온 구름과 별에게 비춰졌지만 말할 필요도 없이 내게는 먼지와 모래 또한 소중한 존재다. 딱 1:1의 비율로 소중하다. 특유의 해맑고 온순한 마음으로 기꺼이 내게 손을 내밀어 준 덤보 형제에게 감사하다. 실험 쥐 자매의 이면에서 그들은 나를 든든히 받쳐 주었다.

쥐는 고양이와 동급이다

● 원래 쥐를 싫어하거나 무서워하지 않았지만 래트를 키우면서 나는 모든 쥐를 좋아하게 되었다. 길에 사는 쥐들은 어떻게 지내고 있나 싶어 배수구를 들여다보는가 하면, 길을 걷다가 앙상한 쥐를 만나기라도 하면 반가운 한편 안쓰러워서 완전히 사라질 때까지 지켜보곤 했다. 분명 길에서의 삶은 가혹하겠지. 모든 쥐에게 '쥐의 신'의 가호가 있기를 바랐다.

과거 페스트 유행을 생각하면 시궁쥐를 동정하는 것은 말이 안 되는 걸까? 섣불리 이런 이야기를 했다가는 전염병의 무서움이며 가난의 참담함 같은 것을 모르는 철부지의 허튼소리로

치부될지도 모른다. 하지만 내게 쥐는, 많은 사람의 사랑과 지지를 받는 고양이와 동급이다. 그래서 궂은 날이면 길에 사는 고양이를 걱정하듯이 길에 사는 쥐를 걱정하기도 한다.

먹이사슬 속에서 쥐는 여러 동물의 사냥감이지만 기본적으로 모든 생물은 동급이다. 따라서 길 위에 우열은 없다. 고양이도 쥐도, 비둘기도 참새도, 하다못해 벌레도 모두 고귀한 생명이며 세상의 일원이다. 호불호가 있을 수는 있다. 쥐를 무서워하는 사람이 있는 것처럼 나도 벌레를 몹시 무서워한다. 특히 다리가 많이 달린 아이들. 무서운 것은 어쩔 수 없다. 그러므로 좋아할 자유가 있으면 싫어할(무서워할) 자유도 있음을 부정하지 않는다.

벌레를 좋아하는 사람도 분명히 있다. 장수풍뎅이, 사슴벌레, 사마귀는 기본이고, 지네, 거미 같은 곤충을 반려동물로 키우기도 한다. 집에서 키우는 파충류의 먹이로 수백, 수십 마리의 귀뚜라미, 밀웜, 초파리 같은 것을 키우기도 한다. 바퀴벌레를 키우는 사람도 있다. 나는 벌레를 싫어하지만 분명 그들은 자신의 벌레를 아끼고 사랑하겠지. 쥐를 키우면서 나도 조금은 벌레에 우호적이 되었다.

길에서 고생하는 쥐들에 비하면 우리 집 아이들은 분명 행복할 것이다. 그런 생각을 할 때마다 반려인으로서 뿌듯하지 않을 수 없다. 더구나 늦봄에 태어난 실험 쥐 자매와 여름에 태어난 집쥐 형제에게 추운 길바닥은 혹독하게 느껴지리라.

'어때, 여기만 한 데가 없지?'

그들 앞에서 잔뜩 생색을 내본다.

성장의 무게

언제 크는지도 모르게 커 버리는 아이들. 자그마하던 모래와 먼지도 착실히 계절을 거쳐 내 팔뚝만큼 자랐다. 갓 데려왔을 때 쇠창살 사이로 자꾸 빠져나와 나를 고생시키던 아이들이 어느새 무사히 케이지에 정착해 오늘을 맞았다. 살도 토실토실하게 올라 움켜잡으면 손바닥 안에 차고 넘친다. 말랑말랑한 덩어리에서 전해져 오는 온기가

따스하다. 구름과 별이는 들어 올릴 수 없기에 미처 몰랐던 감각을 한참이 지나서야 모래와 먼지를 통해 느꼈다.

아이들의 성장을 시시각각 실감하기에는 그들과 나는 지나치게 가까웠다. 어쩌다 한 번 있는 잠깐의 외출 시간을 제외하면 거의 1년 내내 붙어 있었다. 오죽하면 엄마가 잔소리할 정도였다.

"어휴, 밖에 나가서 좀 놀다 와."

꼭 제가 키우는 쥐들처럼 자기 방에만 처박혀 있다고 엄마는 질색을 했다. 때로는 나 스스로도 케이지에 갇힌 아이들의 삶과 방에 갇힌 내 삶의 모양새가 크게 다르지 않다 싶었다.

아이들과 긴 시간 함께 있을 수 있어 좋았지만 지나치게 밀착되어 있어서 아이들이 변해 가는 모습을 예민하게 포착하지 못하는 것은 아쉬웠다. 정말로 언제 크는지도 모르게 훌쩍 커 버렸다. 다행히 글을 쓰면서 비디오테이프처럼 앞으로 감았다 뒤로 감았다 하듯 아이들의 성장 과정을 더듬고 있다.

겨드랑이 밑에
작은 혹이

● 봄을 앞둔 어느 날, 구름인지 별인지 모를 한 아이의 겨드랑이 밑에서 작은 혹을 발견했다. 암컷 래트는 유선 조직이 광범위하게 발달하여 노년에 유선종양이 발생할 확률이 높음을 알고 있었기에 나는 바로 종양을 의심했다. 그러면서도 그냥 놀다가 부딪친 것이기를, 며칠 뒤면 거짓말처럼 사라져 있기를 바랐다. 그런데 얼마 지나지 않아 다른 한 녀석에게도 비슷한 위치에 혹이 보였다. 아무리 처음 겪는 일이지만 종양임을 부정할 수 없었다. 이제 겨우 한 살 반밖에 안 됐는데.

겁이 났다. 아이들이 종양에 걸리면 어떻게 할지 생각해 본 적이 없었다. 반려동물이 병에 걸린 건 처음이었으니까. 급한 대로 래트 커뮤니티에서 종양을 제거한 사례를 찾았다. 그러나 게시판에는 참고할 만한 글이 거의 없었다.

래트를 키우는 사람이 많지 않기 때문에 래트 커뮤니티는 다른 동물 커뮤니티에 비해 많이 활성화되어 있지 않다. 반려인 규모가 작아서 래트를 입양하고 싶어도 분양처

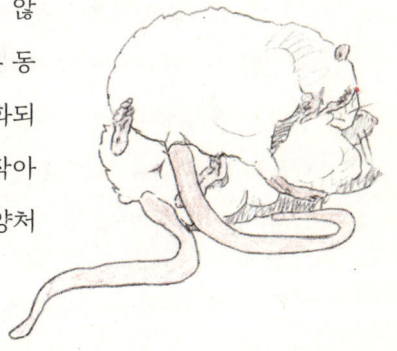

를 찾기가 힘들 정도다. 입양을 하려는 사람이 별로 없어서 아예 시장이 형성되어 있지 않다고 보는 것이 맞다. 입양도 분양도 힘든 상황이다.

시중에 유통되는 래트가 거의 실험용 아니면 키우는 양서파충류의 먹이용인 상황이므로 래트를 병원에 데려가 본 사람이 별로 없는 것은 당연했다. 정보가 드문 가운데 몇 안 되는 글로 알아낸 사실은 수술이 잘못되면 부작용이 생길 수 있다, 수술이 잘 되어도 언제든 재발할 수 있다, 래트를 수술할 수 있는 병원이 드물다, 소동물은 마취 단계에서 잘못되기 쉽다, 수술비가 비싸다는 것 등이었다. 나는 수술을 단념했다.

뭐가
잘못이었을까

● 실험 쥐 두 마리가 차례로 종양에 걸리면서 나는 답이 나올 리 없는 고민에 빠졌다. 두 아이가 갑자기 아픈 이유가 무엇일까. 뭐가 잘못이었을까.

제일 먼저 중성화수술을 해 주지 않은 것이 마음에 걸렸다. 입양할 때 망설임 없이 중성화라는 옵션을 선택하지 않았다. 그 후 결정을 후회해 본 적이 없다. 새 식구로 들어온 모래와

먼지를 향해서 구름과 별이가 오줌을 갈기기 시작했을 때 어렴풋하게 중성화되어 있지 않아서 그런가 생각한 정도다. 그런데 막상 아이들이 종양에 걸리니 그게 다 중성화수술을 하지 않은 탓이라는 생각이 들었다. 다른 동물도 그렇지만 래트의 중성화 수술은 암을 비롯한 각종 질병을 예방해서 수명을 연장한다, 이 말이 새삼스럽게 절대적으로 다가왔다.

  실험실 출신이라는 것에도 생각이 미쳤다. 실험 쥐는 근친교배 등을 통해 개량되는 과정에서 열성 유전자를 물려받아 각종 유전 질환에 시달리기 쉬우며 종양에도 쉽게 걸린다고 들었다. 구름과 별이 생후 일 년 반 조금 넘은 시점에서 마치 서로 짜기라도 한 듯 동시에 종양을 앓기 시작한 것도 종양에 취약한 유전자를 타고났기 때문이 아닐까? 애초에 둘은 일가친척이 아닐까? 그래서 쌍둥이처럼 꼭 닮은 게 아닐까? 물음이 꼬

리에 꼬리를 물었다.♦

 내가 속한 래트 커뮤니티에서는 가입 후 회원 프로필에 더해 래트 프로필을 올려야 한다. 래트 프로필에는 래트의 성별, 나이 등 기본적인 정보뿐만 아니라 부모 래트, 분양처, 질환 유무, 교배 이력 및 계획까지 상세히 적도록 되어 있다. 회원 간에 래트를 교배시키거나 래트를 입양, 분양할 때 참고하기 위함이다. 처음에는 낯설었던 그 규칙이 래트가 병에 걸리자 비로소 이해되면서 내게 무게감 있게 다가왔다. 사람들은 무분별한 번식으로 족보가 꼬이는 것을 우려하고 있었다. 그렇게 태어난 아이들은 병에 걸리기 쉽다고 믿기 때문이다. 그 불안한 마음을 이제야 절감했다.

 중성화수술을 시켰더라면, 실험 쥐로 태어나지 않았더라면 종양에 걸리지 않았을 수도 있겠지. 하지만 중성화수술을 시켰더라도, 실험 쥐로 태어나지 않았더라도 종양에 걸렸을 수 있다. 머릿속을 맴도는 수많은 가정. 어떤 가정이든 성립할 수 있으며 가정이라면 얼마든지 세울 수 있다. 그러나 현실은 결코 바뀌지 않는다. 결과적으로 구름과 별이는 종양에 걸렸다. 그

♦ 종양이 잘 발생하도록 개량되었을 수도 있지만 아닐 수도 있다. 개체의 품종을 알아야 확실하게 알 수 있다._감수자 주

것만은 흔들리지 않는 사실이었다.

3층 집에서
단층집으로 이사

● 종양은 무럭무럭 자라 마침내 내가 래트를 키우는 건지 종양을 키우는 건지 알 수 없을 정도가 되었다. 흡사 요가라도 하듯 배 밑에 짐볼을 깐 모양새였다. 그나마 다행인 것은 적어도 걸보기에는 아이들이 많이 아파하지 않는다는 점이었다. 래트라는 동물은 원래 특별한 이유가 없는 한 찍찍 울지 않는데, 구름과 별이는 종양을 앓으면서도 찍소리 한 번 내지 않았다. 강한 참을성은 실험동물이 갖춰야 할 요건 중 하나라고 들었다. 그래서 우리 아이들도 참을성이 좋은 것일까.◆

근 반 년 동안 그럭저럭 평화로운 날들이 이어졌다. 종양이 부쩍 자란 후에도 거동만 조금 불편해 보일 뿐 식사량은 오히려 1.5배 가까이 늘었다. 사료는 저녁에만 주는 것이 원칙이었

◆ 참을성이 실험동물의 요건 중 하나지만 쥐는 먹이사슬의 최하위에 속하기 때문에 포식자에게 들키지 않으려고 아픈 것을 티 내지 않는 것일 수 있다._감수자 주

는데 아침에도 사료를 보충해 주
게 되었다. 왜 이렇게 잘 먹나 의
아한 마음에 인터넷에서 검색해
보니 종양세포는 에너지를 많이
잡아먹어 도리어 식욕이 증가할
수 있다고 했다.

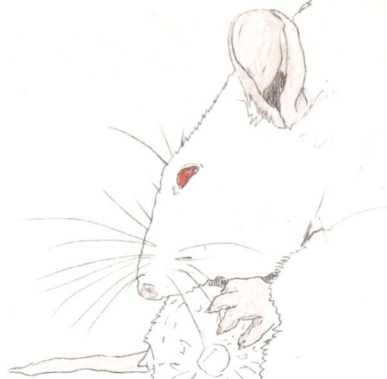

'나는 아이들이 아니라 종양
에게 밥을 챙겨 주고 있는 건가?'

마음이 복잡해졌다. 그래도 잘 먹어서 기특했다. 못 먹는 것
보다 훨씬 나았다.

종양이 커지면서 아이들의 거동도 점점 불편해졌다. 층을
오르내릴 때 경사면을 미끄러지기 일쑤였다. 밥그릇과 물통은
2층에 있고 은신처는 3층에 있는데 경사면을 오르내리지 못하
니 문제가 되었다. 1층의 쳇바퀴도 탈 수 없게 되었다. 고민 끝
에 구름과 별을 단층 케이지로 이주시켰다. 핸들링이 되지 않
아 케이지 입구끼리 맞대어 놓고 아이들이 스스로 움직이게끔
유도했는데 도무지 움직이려고 하지 않아서 진땀을 뺐다. 가까
스로 아이들을 옮기고 은신처와 쳇바퀴를 새 케이지로 옮겨 달
았다. 갑자기 모든 구조물을 없애면 허전할 것 같았다. 대신 이
동하기 좋게 발판을 놓았다.

본능 때문인지 습관 때문인지 아이들은 여전히 어딘가를 드나들고 오르내리려 했다. 버거워하면서도 기어이 은신처 안에 들어가고 쳇바퀴에 올라갔다. 불과 일 년 전만 해도 원숭이처럼 철장의 높은 곳까지 거뜬히 기어올랐는데…. 아이들의 마지막 순간들을 지켜보며 삶의 무상함을 느꼈다.

앞으로 남아 있을 삶과
수술 후 주어질 삶

● 동물 커뮤니티 게시판에 "우리 아이가 아픈 것 같은데 왜 그럴까요?"라는 글이 올라오면 간혹 "여기서 이러고 있지 말고 어서 병원부터 데려가세요."라는 댓글이 달린다. 틀린 말은 아니다. 사람이든 동물이든 아프면 일단 의사에게 보여야 한다. 온라인에서는 우리 아이의 병을 고칠 수 없다. 나중에 후회할 뿐이다. 내가 그랬다. 무작정 커뮤니티 게시판으로 달려가 정확하지 않은 정보에 의존했다.

수술 후 아이가 후유증에 시달렸다는 글이 발목을 잡았다. 뇌종양을 제거한 후 안구가 돌출되고 턱이 뒤틀렸다는 이야기, 치료를 받고 잘 뛰노는가 싶더니 얼마 안 가 시름시름 앓다가 죽었다는 이야기. 그래도 일단 병원부터 찾았어야 했다. 수술이 힘들다고 해도 병원에 갔어야 했다. 소동물 전문병원이라면 구름과 별에게 수술을 권했을 것이다. 나는 기꺼이 수술을 시켰어야 했다. 모든 부담과 불안을 제쳐 두고서.

저울질을 했다. 저울 한쪽에 앞으로 남아 있을 삶을 다른 한쪽에는 수술 후 주어질 삶을 놓고 어느 쪽으로 기울지 가늠했다. 평균 수명에 따르면 남은 생은 반 년 내외. 수술을 하면 좀 더 살 수도 있지만 기껏해야 몇 달일 테고, 운이 나쁘면 반 년도 채 못 살 수 있다. 그렇다면 남은 생은 편히 보내는 게 나을 것 같았다. 결과가 불확실한 수술을 받는 것은 비합리적이라는 생각을 했다. 인간이 보기에 그들의 몇 개월은 너무나 짧고 수술은 이래저래 부담이 컸다.

아이들의 종양이 커져 갈수록 내 마음도 무거워져 갔다. 좀 더 적극적으로 병원을 찾아다닐 걸 하고 후회에 후회를 거듭했다. 최선을 다하긴 했는지 갈수록 확신이 서지 않았다. 그러나 때는 이미 늦었다. 갈등하고 자책하는 사이 종양은 이미 커질 대로 커져 있었다.

안락사를 시키는 게
좋을지도 몰라

● 종양은 금방이라도 터질 것처럼 보였다. 아무리 아픔을 잘 참는 아이들이라도 종양이 터지면 아플 것이다. 그 전에 뭐라도 조치를 취해야 한다고 생각했다.

치매에 걸린 반려견을 안락사로 보낸 분에게 조언을 들었다.
"안락사를 시키는 게 좋을지도 몰라."

안락사라는 단어에 화들짝 놀랐다. 내겐 반려동물 안락사라는 것 자체가 생소했다. 동물에게 안락사가 허용된다는 것도 처음 알았다. 그 분과 여러 번 이야기를 나누면서 안락사에 대한 거부감이 차츰 사라져 진지하게 안락사를 고려하기 시작했다. 고통에 몸부림치다가 죽을 바에는 차라리 고통이 오기 전에 죽는 편이 나을 것 같았다. 그렇지만 용기가 나지 않았다. 아이들의 죽음을 문의할 용기, 아이들이 죽을 시점을 결정할 용기. 죽음을 논의한다는 것 자체가 불경하게 느껴졌다.

그들이 죽고 싶어 하는지도 의문이었다. 아프더라도 아이들은 계속 살고 싶을 수도 있다.

그러다가 집 근처 동물병원을 방문해서 어렵사리 안락사 이야기를 꺼냈다. 현재 상황과 사진을 보여 주자 수의사도 안락사가 필요하다는 데 동의했다. 그리고 시술 과정을 설명해 주었다. 안락사는 마취, 카테터 삽입, 약물 주입의 세 단계를 거치는데 소동물이라고 해서 비용이 더 저렴하지는 않다고 했다. 소동물은 혈관이 가늘어서 시술이 더 어렵기 때문이다. 대신 두 마리니 깎아주겠다고 했다. 그러면서 래트는 종양에 잘 걸리는 동물이라는 말을 덧붙였다. 아픈 래트 때문에 슬퍼하는 반려인을 자주 봤다고 했다. 처음 듣는 소리였다. 그렇다면 모래와 먼지도 장차 높은 확률로 종양에 걸릴 수 있단 말인가. 정신이 아찔해졌다.

"집에 있는 다른 래트들은 종양이 생기는 즉시 제거수술을 받는 게 좋을까요?"

확답은 없었다. 소동물 전문병원이 아니기 때문인지도 모른다.

"안락사를 시킨다면 언제가 좋을까요?"

역시 확답은 없었다. 하긴 안락사에 좋은 날을 누가 알까.

이왕이면 여러 곳에 물어보는 게 좋을 것 같아서 다른 병원에도 문의를 했다. 그러나 돌아온 답은 냉정했다.

"우리 병원에서는 안락사를 하지 않습니다."

안락사를 거부할 수도 있구나. 수의사에 따라 안락사에 대한 입장이 다른 듯했다. 몇 군데 더 알아보았지만 마음을 굳힐 만한 조언은 듣지 못했다.

엄마에게도 넌지시 의견을 구했다. 엄마는 쥐한테 뭘 그렇게까지 하냐고 정색을 하면서도 아이들이 걱정되었는지 슬며시 물었다.

"그래, 얼만데?"

안락사 비용을 말하자 엄마는 고개를 절레절레 흔들며 말했다.

"안 돼, 안 돼."

엄마에게는 비싼 비용이리라. 어차피 내 돈을 들이는 것이라 내 마음이지만 엄마가 반대하고 나서자 나도 내키지 않았다.

2년 만에
다시 세상 밖으로

어느 저녁, 기어이 종양이 터졌다. 미세하지만 피가 비쳤다. 아이들은 여전히 의연했지만 상처는 아파 보였고 놔두면 점점 더 아플 듯했다. 더는 망설일 수 없었다. 그렇게 서지 않던 결심이 단번에 섰다. 안락사를 시키려면 바로 지금이라는 확신이 들었다. 막상 상처를 보니 덜컥 겁이 난 듯 엄마도 더는 안락사를 반대하지 않았다. 도리어 어서 병원에 데려가라고 부추겼다. 나는 바로 동물병원에 전화를 걸었다.

갑자기 연락했는데 바로 다음 날로 예약이 잡혔다. 안락사인데 이렇게 간단하게 예약할 수 있다니 놀라웠다. 정말 불가피한 상황이 맞는 건지 좀 더 엄격한 심사 같은 게 이루어져야 할 것 같았다. 그간의 내 망설임은 뭐였을까. 어쩐지 허탈했다. 모든 것이 인간 중심으로 돌아가고 있었다.

다음 날. 구름과 별을 케이지째 데리고 엄마와 함께 병원으로 향했다. 아이들은 우리 집에 와서 처음으로 바깥세상을 구경하게 되었다. 가까스로 안락사를 모면하여 세상 밖으로 나왔던 실험실의 아이들이 약 2년 만에 안락사를 위해 다시 세상 밖으로 나온 것이다. 시시각각 다가오는 죽음을 아는지 모르는지 종양으로 무거워진 몸을 맞대고 서로의 온기를 느끼는 아이들의 뒷모습을 마지막으로 사진에 담았다. 이 모습을 오래도록 간직하고 싶었다.

몸무게를 재고 수술실로 들어갈 때까지 나는 그들 곁에 있었다. 미리 의료진에게 입질이 있음을 알렸지만 마음이 놓이지 않았다. 수의사나 간호사를 물면 큰 민폐라는 생각이 그 순간

에도 들었다. 한편으로는 아이들의 마지막 가는 길을 지켜보고 싶었다. 나는 마취가 될 때까지 아이들 몸을 붙잡고 있겠다고 했다. 병원 측에서도 그렇게 해달라고 했다.

"아무래도 안 되겠어요."

시술이 시작되려던 찰나 나는 수술실을 황급히 뛰쳐나왔다. 아이들의 마지막 앞에서 담담할 수 있을 거라는 생각은 내 자만이었다. 수술실 입구에서 돌아선 그 순간부터 내 의사와는 무관하게 하염없이 눈물이 흘렀다. 제어가 되지 않아 나 자신이 고장 난 것 같았다.

간신히 눈물을 추스르고 따뜻한 믹스 커피로 슬픔을 달래고 있으니 엄마가 언제 끝나냐고 물었다. 구름과 별이 수술실에 들어간 지 시간이 꽤 흘렀다. 하긴, 들어간 즉시 안락사가 끝나면 그게 더 이상하긴 하다. 반려동물이나 남은 반려인이나 죽음을 받아들이기 위해 최소한의 시간은 필요하다. 마음을 정리할 시간이.

시간이 어느 정도 흐르자 구름과 별이는 각기 하얀 패드에 곱게 싸여 수술실을 나왔다. 진료실 책상 위에 놓인 두 개의 덩어리는 아직까지 따뜻하고 말랑하고 그리고 조용했다. 손으로 만져도 전혀 입질이 없이 얌전했다. 그렇게 얌전한 모습은 처음이라 낯설었다. 살아서 들어간 수술실을 불과 30여 분 만에 죽어서 나오다니. 나는 새삼스럽게 충격을 받았다.

애써 꾹꾹 눌러 담았던 눈물이 다시금 쏟아지기 시작했다. 수의사의 위로를 받고 카운터에 서서 계산을 하는 동안에도 눈물은 속절없이 쏟아졌다.

"계산 어떻게 해 드릴까요?"

"일시불요."

떨리는 목소리를 애써 가다듬으며 대답했다. 할부로 하면 카드 결제일마다 아이들의 죽음이 생각날 것 같았다.

죽은 아이들을 위한 자리는
어디에 있나

종양과 안락사에 모든 정신이 쏠려 있었다. 하지만 아이들이 죽은 다음의 일도 생각해야 했다. 현행법은 반려동물의 시체를 폐기물로 간주해서 종량제 봉투에 담아 쓰레기로 배출하도록 되어 있다. 하지만 키우던 동물이 죽었는데 쓰레기장으로 보낼 순 없는 노릇이었다. 뭔가 합법적인 조치를 강구해야 했다.

동물 장례업체를 알아봤다. 사체를 염습하고 관에 넣어 화장을 한 뒤 뼛가루를 수습해서 유골함에 넣는 것이 풀코스인데, 유골로 추모 물품을 만들 수도 있었다. 소동물도 화장할 수 있는지는 알 수 없고 화장하는 게 최선인지 확신이 서지 않아 업체를 점찍어 두지는 않았다. 그렇게 주저하던 차에 급히 안락사를 진행하게 된 것이다.

병원 예약을 할 때 장례 절차도 물어봤는데 그 병원은 장례업체와 연계된 곳이 아니었다. 단, 돈을 더 내면 사체를 '처리'해 준다고는 했다. 처리가 무엇을 의미하는지 정확히 알 수 없었다. 나는 죽은 아이들의 사체를 고스란히 받아 왔다. 스스로 처리하기 위해서다. 래트만큼 작은 동물이라면 화단에 묻어도 용서가 될 것 같았다.

이튿날 패드에 싸인 구름과 별을 들고서 집을 나섰다. 아직 보내고 싶지 않았지만 날이 무더웠기에 썩기 전에 얼른 묻어야 했다. 아파트 단지 안을 한 바퀴 빙 돌았다. 다음으로 아파트 단지 밖을 빙 돌자 다시 원점인 아파트 입구가 나왔다. 사방이 훤히 트여 있어서 마땅히 묻을 곳이 없었다. 난감했다. 나는 다시 단지 안으로 들어왔다.

경비나 주민의 눈을 피해 외진 곳을 기웃대며 땅을 팠는데 건드리는 족족 딱딱해서 삽이 잘 들어가지 않았다. 이번 여름은 유난히 가물어서 땅이 바싹 말라 있었다. 영화에서는 땅이 잘만 파지던데 그건 설정임에 틀림없다. 땅을 파는 건 쉬운 일이 아니었다. 보는 눈이 많은 아파트 단지 안의 땅이라면 더더욱 그렇다. 나는 엉거주춤하게 앉아 땅을 헤적이면서 앞으로 땅 팔 일을 절대 만들지 말자고 다짐했다.

한 군데 오래 쭈그려 앉아 있으면 사람들의 눈에 띌 것 같았다. 그러면 즉각 추궁이 날아올 것이다. 들키면 안 되었다. 동물의 사체를 묻는 일은 엄연한 불법이니까.

결국 실패했다. 아이들을 데리고 터덜터덜 집으로 되돌아왔다.

"그거 하나 못 묻어서 그냥 왔어?"

"그럼 어디 엄마가 해봐!"

싫다는 엄마를 질질 끌고서 다시 집을 나섰다. 무슨 일이 있어도 이날 중으로 묻어야 했다.

이번에는 엄마와 함께 단지 안을 돌았다. 하지만 둘이 나간다고 없던 묏자리가 갑자기 나타날 리 만무했다. 여기 기웃 저기 기웃하다가 아쉬운 대로 화단 구석에 아이들을 누이고 수북이 쌓여 있던 낙엽으로 덮었다. 충분히 덮인 것 같지 않으나 사람들 눈에 띄지 않을 것 같아 일단 한시름 놓았다. 그사이 아이들 무덤에 바치려고 꺾었던 들꽃은 한여름 태양 빛에 시들해져 있었다.

생의 주기가 다른 존재와 함께 산다는 것

● 구름과 별이가 래트별로 떠나 내 곁에는 먼지와 모래만 남았다. 동료가 사라진 것을 아는지 의기소침해 보였다. 머지않아 그 아이들도 여기저기 아플 거라고 생각하니 정신이 아찔했다.

그 후 일 년 동안 모래와 먼지도 알게 모르게 쇠약해져 갔다. 특히 둘 다 발바닥 염증이 심해서 내 속을 썩였다. 딱딱한 바닥 위에 오래 있으면 그런 증세가 생기는 모양이었다. 좋은 환

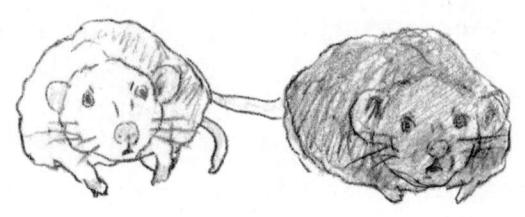

경에서 키운다고 믿었는데 별로 그렇지도 않았나 보다. 면목이 없었다. 피부병에 좋다는 연고를 구해서 하루 세 번 발라 주고 병원에서 타온 약을 하루 두 번 먹였다. 낮은 케이지(구름과 별이 말년에 썼던 케이지)로 바꾸고 천 베딩을 깔아 주었다. 그래도 증상은 전혀 나아지지 않았다. 도리어 약을 바르고 먹느라 아이들의 스트레스만 나날이 쌓여 갔다.

먼저 떠난 것은 모래였다. 점점 마르더니 며칠 끼니를 거르다가 떠났다. 새벽에 평소와 다른 소리가 나서 잠을 깨 보니 모래가 몸을 뒤집은 채 숨을 꺽꺽 몰아쉬고 있었다. 마지막으로 나를 불렀음을 직감했다. 똑바로 눕히고 등을 쓰다듬어 주었다. 그동안 고생 많았다고, 고마웠다고 작별 인사를 했다. 모래는 곧 싸늘하게 식었다.

먼지는 4개월 뒤에 모래를 따라갔다. 원인은 종양이었다. 먼지도 종양에 걸리다니 가슴이 무너졌다. 즉시 병원에 데려갔지만 의사는 수술을 권하지 않았다. 먼지의 종양은 진행이 빨라 금세 커졌다. 떠나기 직전 먼지는 몸을 떨고 숨을 몰아쉬며 많이 아파했다. 구름과 별을 안락사한 것이 후회되어 이번에는 하지 않았는데 그 결정도 후회되었다. 후회 없는 이별이란 결코 있을 수 없음을 실감했다.

모래는 내가 늘 지나는 산책로에 묻혔다. 밖에 나가면 언제든 볼 수 있지만 너무 눈에 띄는 곳에 묻은 것 같다. 사람들이 무덤인 줄 알아볼까 봐 조마조마하다. 시간의 흐름에 따라 흙도 자꾸 유실되어 주기적으로 배양토를 보태고 있다. 먼지는 화장해서 내 곁에 두었다. 모래의 무덤 위에 뿌려 줄 작정이었으나 그것도 불법이라고 해서 관뒀다. 적어도 먼지만큼은 내 곁에 붙잡아 두고 싶기도 했다.

인간과 래트에게 주어진 삶의 길이는 사뭇 다르다. 지난 3년여 동안 구름과 별, 모래와 먼지까지 래트 네 마리를 연달아 떠나보내고 나니 삶이 허무해졌다. 죽음이란 뭘까. 답 없는 고민에 한참 동안 사로잡혀 지냈다.

나 자신이 무슨 영생을 사는 것처럼 느껴진다. 영원히 죽지 못한 채 소중한 이들을 속속 앞세우는 불사의 존재의 심정이 이렇지 않을까. 생의 주기가 다른 생명체와 함께 산다는 것은 참 피로한 일이다.

변함없이 같은 자리에서
조용히 꾸준하게

● 래트의 평균 수명이 짧다 보니 래트 커뮤니티의 회원들은 커뮤니티에 오래 머무르지 않고 유목민처럼 금세 떠나 버린다. 활발하게 활동하는가 싶던 회원이 어느 순간 보이지 않아 소식이 궁금했는데 다른 동물 커뮤니티에서 우연히 만났다. 래트를 떠나보내고 새를 키우고 있었다. 여러 마리의 래트를 키우다가 이제 래트는 키우지 않는다는 분을 만나기도 했다. 래트는 암에 많이 걸려서 끝이 좋지 않았기에 대신 햄스터, 데구^{degu} 등 다른 설치류를 키운다고 했다.

금세 떠나는 건 커뮤니티 관리자도 마찬가지다. 2012년에 커뮤니티가 만들어진 이래로 관리자는 수시로 바뀌었다. 내가 가입한 2017년 이후로도 무려 세 명이 관리자 자리를 거쳐 갔다. 부관리자, 디자인 담당, 이벤트 담당, 공동구매 담당까지 따로 있을 만큼 운영진이 화려하게 꾸려질 때도 있었지만 오래 가지 않아 사람들은 자취를 감추었다. 커뮤니티 내에 아무런 임무를 맡지 않고도 조용히 꾸준하게 활동하는 사람들도 있지만 그래도 눈에 잘 띄던 사람이 사라지고 나면 빈자리가 더 크게 느껴지고 어딘지 쓸쓸했다. 그럴 때마다 커뮤니티도 부쩍 조용해진다.

 구름과 별이 떠나고 모래와 먼지만 남았을 무렵, 게시판에 관리자를 구한다는 글이 올라왔다. 개인 사정으로 더는 커뮤니티를 관리할 수 없게 되었으니 대신할 사람을 찾는다는 내용이었다. 며칠 지켜보았으나 선뜻 나서는 사람이 없었다. 나설까 말까 눈치를 보는 듯한 기색조차 없었다. 보다 못한 내가 관리자를 자청하고 나섰다.

 커뮤니티 관리자가 되고 싶은 마음이 조금도 없었다. 래트에 대해 나보다 더 잘 알면서 행동력 넘치고 카리스마 있는 누군가가 나타나 커뮤니티를 이끌어 줄 터였다. 어차피 나 하나쯤 가만히 있어도 커뮤니티는 굴러갈 거라고 믿었지만 커뮤니티 관리자 자리가 릴레이 경기의 배턴처럼 돌고 도는 것을 계속 보기가 힘들었다. 누군가는 커뮤니티에 굳건히 남아 자리를 지켜 주었으면 했다. 일상생활의 변화가 극히 적은 나라면 가능할 듯했다. 지휘, 감독하는 의미에서의 관리가 아니라 사무를 처리하는 의미에서의 관리라면! 그렇게 나는 래트 커뮤니티의 9대 관리자가 되었다.

 역대 관리자들이 기본 틀을 잘 잡아둔 덕분에 관리자로서 크게 해야 할 일은 없다. 래트에 관심을 갖고 새로 가입하는 회원들의 등급을 조정하고 기존 규칙에 따라 커뮤니티의 질서를

유지할 뿐이다. 원래 많은 회원이 드나드는 곳도 아니고, 특별한 이벤트를 열 생각도 없었다. 가끔 등급을 올려달라는 요청이 몰리거나 회원 간에 작은 분쟁이 일어나기도 하지만 나는 온종일 내 방 컴퓨터 앞에 매여 있기에 거의 실시간으로 신속하게 대응할 수 있었다. 어차피 블로그나 SNS 운영을 귀찮아하는 성격도 아니므로 거의 숨을 쉬는 감각으로 커뮤니티를 관리하고 있다.

앞으로도 사람들은 래트에 반짝 관심을 가졌다가도 금세 잃어버릴 테고, 한동안 래트를 키우다가도 떠나보내며 커뮤니티를 스쳐 지나가리라. 하지만 너무 쓸쓸해하지는 않기로 했다. 커뮤니티는 사람들에게 장을 마련해 줄 뿐이다. 그곳에서 래트에 대한 좋은 인상, 좋은 추억을 하나씩 얻고 떠난다면 그것으로 만족한다. 그러다가 수년 또는 수십 년이 지나 누구라도 옛 기억을 더듬어 다시 래트 커뮤니티를 찾았을 때 변함없이 같은 자리에서 그들을 맞아 줄 수 있으면 그만이다. 너무 간절하지도 너무 미적지근하지도 않게 나는 조용히 꾸준하길 바란다.

실험용 래트 20마리 구조 일지
(feat 고마운 사람들)

김보경 (책공장더불어 대표)

♦ **2017년 7월**

* 간단한 약물 주입 후 소변 채취 검사를 한 래트 20마리(암컷 10마리, 수컷 10마리)를 안락사한다는 내용의 실험계획을 승인해 달라는 승인신청서가 전달되었다. 나는 동물단체가 추천한 동물실험윤리위원으로 활동하고 있다.

* 동물실험윤리위원 규정상 실험 내용을 자세히 밝힐 수는 없지만 실험 후에도 문제없이 살 수 있는 동물을 안락사하는 실험을 승인할 수 없었다. 연구자들의 우려처럼 래트가 실험실 밖으로 나간다고 생태계 교란이나 환경오염을 일으킬 일도 없었다.

* 연구자들은 실험에 이용한 래트를 안락사가 아니라면 다른 어떤 방법이 가능한지 당황했다. 래트 유출을 막지만 않는다면 내가 입양을 추진해 보겠다고 제안했다. 래트를 안락사하지 않는다는 조건으로 실험을 조건부로 승인했다.

♦ 8월 7일

* 당시 국내에서 실험동물인 래트를 공식적으로 외부로 내보낸 사례가 없었기에 긴 의견 조율이 필요했다. 실험을 마친 후 래트를 데리고 나가도 될 것 '같다'는 답변을 받았다.
* 《햄스터》의 저자 김정희 수의사에게 도움을 청했다. 우리나라에도 래트를 키우는 사람들이 있다는 정보를 얻어서 관련 카페를 수소문했지만 쉽게 연락이 닿지 않았다.

♦ 8월 8일

* 연구소에서 다시 연락이 왔다. 실험이 끝나는 10일 바로 데리고 나가지 않으면 일이 복잡해져서 안락사를 진행할 수도 있다고 했다.
* 입양처를 구할 때까지 기다려 준다고 했는데 내부 사정이 바뀐 듯했다. 지체했다가는 구조하지 못할 것 같아 무조건 10일에 데리고 나오겠다고 전달했다. 단 한 곳도 입양처를 구하지 못한 상황이었다.
* 밤 11시 46분. 동물 문제에 관심이 있는 사람들이 많이 찾는 책공장더불어 출판사 블로그에 글을 올렸다. 제목은 "실험용 쥐rat 입양할 분…."

♦ 8월 9일

* 오전 8시 45분의 댓글을 마지막으로 실험실에서 나온 래트 20마리의 입양자가 모두 정해졌다. 블로그의 글은 밤새 온라인을 통해 퍼

져 나갔고 기적처럼 9시간도 안 되는 시간에 가족이 모두 나타났다. 많은 사람들이 같은 마음으로 글을 퍼뜨려 주어서 가능했던 일이다. 국내에는 래트를 키우는 사람이 많지 않은데 래트나 햄스터를 키우셨던 분들이 손을 내밀어 주었다.

◆ 8월 10일

* 오전. 실험실로 래트를 데리러 가기 전에 당장 20마리 래트의 먹을거리, 케이지 등 각종 래트용 살림살이를 마련해야 했다. 햄스터 등 소동물 전문 쇼핑몰 도리순이 대표에게 도움을 청했다. 덩치가 큰 래트 20마리가 머물 크고 작은 케이지 여러 개를 순식간에 개조하고, 먹을거리, 필수 용품 등을 싸게 제공해 주셨다. 속성으로 래트 돌보는 법도 배웠다.

도리순이

구름과 별

* 오후 4시. 실험실에서 래트 20마리를 데리고 나왔다.
* 구름과 별은 가장 먼저 가족과 함께 집으로 향했다.
* 20여 마리 래트와 여러 개의 케이지, 임보 기간 동안 아이들이 필요한 온갖 것들을 옮기려면 도움이 필요했다. 국내외로 동물을 이동하는 BK인터내셔널의 장병권 대표가 흔쾌히 도움을 주었다.

* 모든 입양자가 8월 10일에 아이들을 데리러 올 수 없어서 임시보호(이하 임보) 공간이 필요했다. 또한 중성화수술을 시켜서 입양을 보낼 거라서 한동안 머물 공간이 필요했다. 책공장더불어 출판사의 디자인 작업을 하는 김희진 디자이너가 작업실을 임보 공간으로 제공했다. 임보 기간 동안 작업실 사람들은 아이들을 먹이고, 똥을 치우고, 함께 놀아 주는 등 아이들의 사회화를 돕는 임보자 역할을 톡톡히 했다.
 * 비글구조네트워크에서도 임보 공간을 제공하겠다고 연락이 왔다. 이미 임보처가 정해져서 마음만 고맙게 받았다. 연락을 준 것만으로도 든든했다.

♦ 8월 14일

* 중성화수술을 하는 날. 래트는 사회적 동물이어서 두 마리 이상 함께 사는 게 좋다. 하지만 설치류여서 번식력이 좋기 때문에 중성화수술을 해서 보내기로 했다. 같은 성별로 두 마리를 데려가서 수술을 원하지 않는 분을 제외하고는 모두 중성

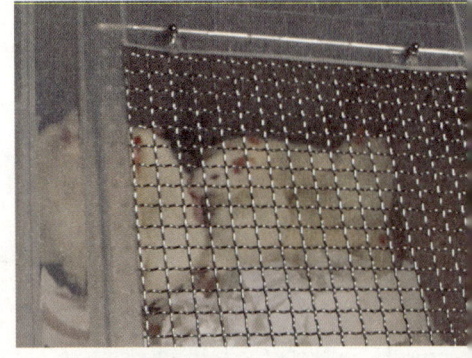

화수술을 했다. 래트의 중성화수술은 여러 질병을 예방하는 효과도 있다. 독일은 동물실험 후 래트를 중성화수술을 해서 입양을 보낸다고 하는데 우리에게 그건 먼 나라 이야기다. 실험실에서 나온 아이들을

수술대 위에 올리는 게 미안했지만 어쩔 수 없었다. 일산 킨텍스 쿨펫 동물병원에서 많은 아이들을 안전하게 수술해 주셨다.

◆ 8월 19일

* 마지막 래트가 임보처를 떠났다. 20마리의 래트가 모두 새로운 삶을 시작했다. 입양자들은 남들은 징그럽다고 하는 꼬리가 길고 눈이 빨간, 영락없는 실험 쥐를 소중히 안고 "구조해 주셔서, 살려 주셔서 감사합니다."라는 인사를 남기고 떠났다. 보란 듯이 건강하고 행복하게 살아주기를! 실험실 래트 구조 프로젝트 종료.

8월 8일. 실험실 래트 입양 글을 올린 날, 크지 않은 래트 커뮤니티와 각종 동물 사이트에서는 이 소식을 전달하느라 밤새 분주했다. 한 생명이라도 더 살리기 위해서. 탄탄해진 개인 활동가 중심의 구조 네트워크와 종별 커뮤니티가 소중한 생명을 살렸다. 동물권 옹호운동은 이처럼, 많은 평범한 반려인들에게 기대고 있다.

그 후,
20마리 래트는 어떻게 살았을까?

◆ 어느 순간 먼저 다가온 레이

레이는 래트가 둘 있는 집에 입양되었다. 먼저 살고 있는 래트 형제인 다비, 준이랑 잘 지낼지 걱정이 많았는데 다행히 싸움 없이 잘 지냈다.

레이는 처음에는 경계심이 심해서 사료를 줘도 못 먹고 쳐다만 보고 있었다. 특히 사람 손을 정말 두려워했다. 다행히 다비와 준이를 보고 배우면서 몇 개월 만에 손에 있는 간식을 집어갈 수 있게 되었고, 어느 순간 먼저 다가오기도 했다. 그 모습이 참 짠했다.

사람 손을 무서워하는 건 꽤 오래 갔다. 손을 거부하면 약을 먹일 수 없으니 건강하기만을 빌 정도였다. 레이가 나이 들면서 심장병에 걸려서 약을 처방받아 먹였는데 다행히 약을 먹이는 것은 허락해 줘서 약을 먹으면서 잘 지냈다.

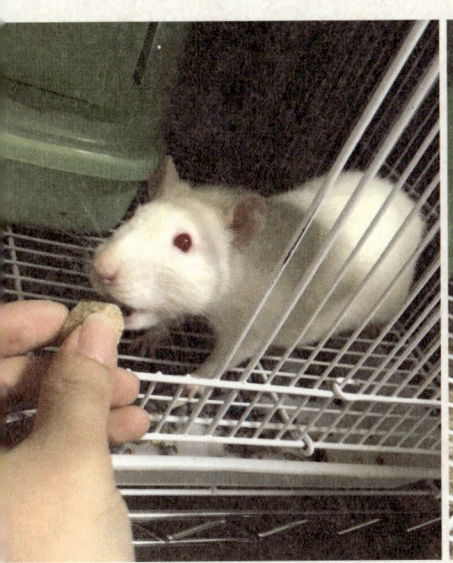 

국내에 래트에 대한 정보가 부족해서 최선을 다해도 언제나 부족함을 느꼈다. 아이들이 좋아하는 두부, 과일, 생야채 등을 조금씩 먹이기도 했다.

레이는 잘 지내다가 2020년 봄에 잠자듯이 별이 되었다. 레이가 떠나고 다비와 준도 하루사이에 떠났다. 지금 셋이 함께 있을 것이라 믿는다.

레이와 다비, 준을 키우면서 래트가 사람이랑 교감도 잘되고 얼마나 똑똑한 생명체인지 알게 되었다.

◆ **행복한 자매 양이와 솜이**

양이와 솜이는 이미 래트를 키우고 있는 집으로 입양을 갔다. 반려인이 동물 관련 학과라서 학교에서 함께 지냈다. 친구들도 양이와 솜이를 모두 반겨 줘서 산책도 하며 행복하게 지냈다.

양이와 솜이는 성격이 달랐는데 양이는 활발한 반면 솜이는 낯을 많이 가렸다. 성격은 달랐지만 둘은 서로 의지하면서 자매처럼 잘 지냈다.

양이와 솜이는 입양 후 이미 키우던 래트와 아무런 차이를 느낄 수 없었다. 똑같이 행복하게 잘 지냈다.

양이와 솜이는 아픈 곳 없이 잘 지내다가 떠났다. 실험실에

서 나와 다른 반려동물과 다름없이 누군가의 가족으로 살았던 시간들이 행복했을 것이다.

◆ 양보도 하는 예쁜 아이 난세

이름은 난세. 건강하고 '깡다구' 있게 살길 바라는 마음으로 '나는 세다'의 줄임말인 난세라고 지었다.

난세는 사람을 좋아하지 않았다. 실험실에서 와서 그런지 무서운 마음이 큰 것 같았다. 그런데 다행히도 집에서 키우던 래트와는 아주 잘 지냈다. 난세는 먼저 있던 래트가 새로운 행동을 하면 따라 배우는 느낌이었다.

난세는 먹는 걸 좋아하는 아이였는데 친구에게 양보도 할 줄 아는 아이였다. 친구가 장난을 치면 잘 받아 주었다. 실험실에서 데리고 나왔다고 해서 걱정했는데 적응도 잘했던 아이다. 예쁜 기억으로 간직하고 있다.

◆ 스파이더 래트 우기

우기는 집 안 이것저것에 호기심을 많이 가졌지만 실험실에 있어서인지 사람이나 다른 래트에게 마음을 열지 못했다. 사람 손을 타지도 다른 래트처럼 사람 무릎에 앉지도 않았다. 다른 래트 친구들과의 합사도 실패했다.

그러던 어느 날 우기는 철장 타는 재미를 알아 버렸다. 실험실에서는 바닥 생활만 했을 텐데 바들바들 떨면서 철장 위까지

올라가는 게 기특했다. 이후로 우기는 스파이더맨이 되었다. 철장을 올라가서 인간이 깜빡 잊고 철장 천장에 봉지째 올려놓았던 간식을 팔을 뻗어서 뜯은 후 훔쳐 먹었다. 덕분에 그날 케이지가 난리법석이었다.

우기는 안전하게 방목해서 키웠다. 그런데 1년도 채 되지 않은 날 떠났다. 아픈 곳이 없어 보였는데 어느 날 갑자기 떠났다. 다른 래트들보다 짧은 삶이었다.

사진 속 우기는 처음 집에 와서 겁을 먹은 상태로 사람에게 의지하던 모습이다. 반려인 몸 틈 사이에 끼여 있던 귀여운 우기.

♦ **사랑받고 사랑을 줄줄 아는 사랑이와 믿음이**

햄스터만 반려하다가 좀 더 깊은 교감이 가능하다는 래트에 대해 알게 되면서 가정 분양을 받기로 결심하고 몇 개월 동안 래트에 대한 자료 수집을 하며 공부했다. 그런데 래트를 키우는 사람은 적었고, 래트 관련 번역 자료를 찾기도 어려웠다. 래트 분양을 하는 곳도 대부분 인간 욕심으로 운영되는 곳이었다. 무늬가 예쁜 래트를 파는 곳은 겉모습은 예쁘지만 몸은 약한 아이들을 파는 곳이었고, 파충류에게 먹이로 주기 위해 래트를 파는 곳도 있었다. 고민이 많아졌다.

그러다 우연히 카페에 올라온 글을 봤다. 실험실에서 구조된 20마리의 알비노 래트의 입양자를 찾는다는 글이었다. 빨간 눈, 하얀 몸, 긴 꼬리. 래트가 처음인 나에게 이 모습은 귀엽지도 않았고, 친근감을 느끼기도 쉽지 않았다. 그럼에도 실험실에서 안락사 될 아이들이라는 이야기가 계속 머릿속을 맴돌

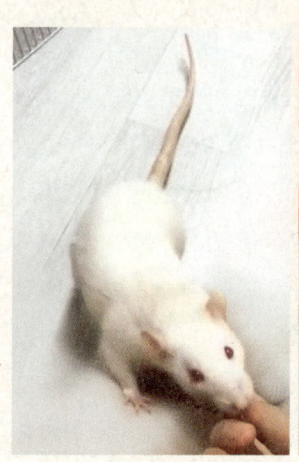 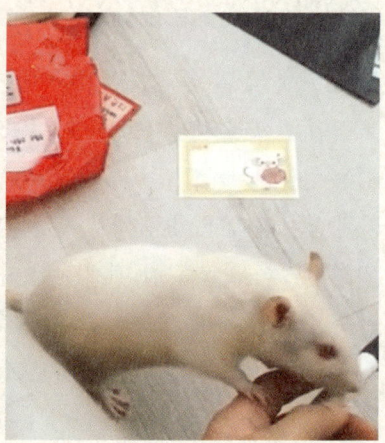

았다. 결국 두 아이를 입양하기로 했다. 인간을 위한 실험을 한 후 안락사될 수밖에 없는 래트들의 존재를 알게 된 게 운명처럼 느껴졌다.

첫 만남을 위해 인천에서 서울까지 2시간을 달려 도착한 날. 설레는 마음으로 임보처로 들어섰을 때의 그날을 잊지 못한다. 하얗고 마른 몸에 뽀송뽀송한 아기 털을 가진 하얀 쥐들이 잔뜩 겁먹은 채로 옹기종기 모여 있는 모습이 안쓰러우면서도 얼마나 귀여웠는지 모른다.

저 많은 아이들 중에 누가 나와 함께하게 될까? 다 똑같이 생겨서 한 아이, 한 아이 유심히 보면서 운명의 선택을 해야 했다. 한참을 보고 있는데 딱 달라붙어 있는 두 아이가 날 쳐다보고 있었다. 너네구나 싶었다. 그렇게 믿음이, 사랑이와의 동거가 시작되었다.

친해지려고 매일 말을 걸고 간식을 줬다. 아이들의 마음을 열기 위해 몇 달 동안 노력했다. 아이들의 마음을 여는 데 오랜 노력이 필요했지만 마음을 여는 속도가 늦었던 만큼 아이들의 행동 하나하나가 감동이었다. 하루하루가 행복한 날들이었다.

사랑이와 믿음이는 내가 주는 간식을 먼저 먹겠다고 서로 밀치기도 하고, 서로를 베개 삼아 자기도 했다. 래트가 손을 잘 쓰는 동물인 것도 처음 알았다. 둘은 손을 이용해서 이부자리를 정리할 줄도 알았다. 하품하는 모습은 정말 귀엽고, 자는 모습은 천사였다. 흥분하면 털이 곤두섰고, 킁킁거리며 감정을 표현했다. 래트가 이렇게 감정을 잘 표현하는 아이인 것도 처음 알았다. 아마 믿음이랑 사랑이를 만나지 못했다면 평생 몰랐을 것이다.

하지만 래트는 수명이 너무 짧았다. 자라는 속도는 빨랐고, 헤어지는 순간도 금방 다가왔다. 영양제, 비타민, 과일, 야채 등 좋다는 건 이것저것 다 구해 먹였는데도 둘 다 종양이 생겼다. 사랑이는 1년 8개월, 믿음이는 2년 2개월을 살았다. 작았던 종양은 아이들을 잡아먹을 만큼 커졌고, 많이 먹어도 종양이 모든 영양분을 흡수해서 점점 말라갔다. 수술을 했지만 재발했고, 손을 쓸 수 없는 상황이 되었다. 내가 할 수 있는 것이라고는 종양 때문에 그루밍을 하지 못하는 곳을 구석구석 닦아주고 사랑한다고 말해 주는 것뿐이었다.

괜히 날 만나서 고생만 한 건 아닌지, 내가 잘 돌보지 못해서 종양이 생긴 건 아닌지 자책하기도 했다. 너무 힘든 시간이었다. 아이들을 떠나보내면서 날 만나서 조금이라도 행복했기를, 사랑받으며 살았기를, 온전히 내 이기심이 아니었기를 바랐다.

아주 작은 몸에 짧은 수명. 한국은 래트에 대한 인식도 좋지 않고, 사람들의 관심도 적다. 하지만 함께 살아보니 래트는 개,

고양이처럼 감정 표현을 잘 하고, 생각을 하고, 사랑을 받고 사랑을 줄 줄도 아는 사랑스러운 존재였다. 많은 사람들이 래트의 이런 사랑스러움을 알기를 바란다.

♦ 착한 오빠 마요

마요는 덩치만 컸지 소심한 아이였다. 손으로 주는 간식을 받아먹기까지 몇 달이 걸렸으니까.

마요는 사람과는 살갑지 않았지만 이미 있던 래트 친구들과는 잘 지냈다. 어린 친구가 오면 마요는 듬직한 오빠처럼 꼭 끼고 다녔다. 마요가 덩치도 크고 얌전해서 다른 래트들이 마요에게 기대서 자는 걸 좋아했다.

마요는 크게 아픈 곳 없이 2년을 잘 지내다가 떠났다.

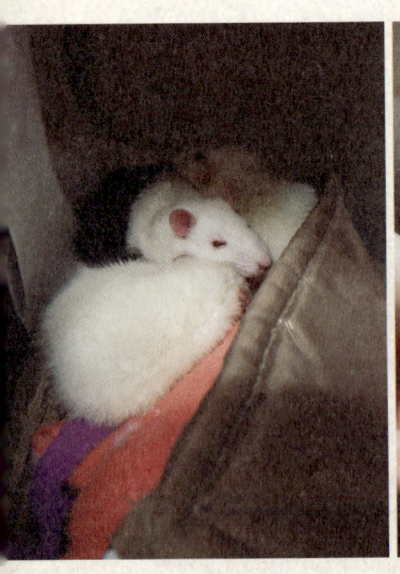

 직접 연락이 닿지 않았지만 마요 반려인의 지인에게 입양 갔던 래트도 마요만큼 보살핌을 잘 받다가 2살쯤 되었을 때 떠났다.

 나머지 아이들의 반려인들과는 연락이 닿지 않아서 20마리 모두의 이야기를 싣지 못한 게 아쉽다. 부디 연락이 닿지 않은 아이들도 마지막까지 가족 곁에서 행복했기를 바란다.

아이들 소식을 기다립니다. 연락이 닿지 않은 입양자 중 이 글을 보신 분은 연락 부탁합니다. animalbook@naver.com

실험동물 입양이 확대되어야 하는 이유

김정희(수의사, 《햄스터》 저자)

4월 24일은 실험동물의 날이다. 매년 4~5월이면 각 수의과 대학에서는 실험동물 위령제가 열린다. 2020년 농림축산검역검사본부 실험동물 사용실태 보고에 따르면 동물실험윤리위원회 설치기관은 449개소며, 동물실험에 사용된 총 실험동물 수는 4,141,433마리로 그중 설치류가 3,513,679마리로 전체의 84.8퍼센트를 차지한다.

설치류를 실험동물로 가장 많이 사용하는 이유는 세대 수명이 짧아서 생체 사이클이 빠르기 때문이다. 수명이 짧아 세대 관찰이 수월해서 연구자가 원하는 상황을 빨리 확인할 수 있고, 유전적으로 나타나는 다음 세대의 상황 역시 확인이 쉽다. 또한 한 번에 낳는 새끼 수가 많아 생산에 어려움이 없어 통계를 내기에도 적절하고, 몸집이 작아서 다수를 기르고 유지하기에도 수월

하다. 세대 시간이 짧고 많이 낳아 근친교배에도 유리하다.

실험동물은 근친교배를 통해 연구목적에 맞게 특정 형질을 발현시키거나 실험에 적합하도록 적당한 크기로 만들고 야생성을 약화시키기도 한다. 이후 근교계(극도의 근친교배)를 통해 계통을 확립한다. 마우스의 근교계는 형제자매 교배, 친자(부모자식) 교배를 20대 이상 계속하여 유전학적 동질성을 높인다.

마우스는 생쥐 $Mus\ musculus$ 로 어른 검지손가락만 한 몸통에 꼬리가 길고 귀가 큰 작은 쥐다. 최초 유럽에서 실험용 근교계 라인을 만들었고, 1980년대 중반에 태국, 일본에서 아시아 마우스, 서부 지중해 연안에서 추가 라인이 만들어졌다.

래트 $Rattus\ norvegicus$ 는 56종이 있으나 시궁쥐 $R.\ norvegicus$ 와 곰쥐 $R.\ rattus$ 가 대표적이다. 래트는 아시아에서 유럽, 미국으로 전파되었다. 곰쥐는 12세기에 유럽(14세기 유럽을 휩쓴 페스트를 전파한 녀석들이 곰쥐였다), 16세기에 아메리카 대륙에 나타났고, 시궁쥐는 18세기에 유럽, 19세기에 서반구에 나타났다. 먼저 퍼진 것은 곰쥐지만 시궁쥐가 곰쥐를 전 세계적으로 압도한 이유는 아마도 시궁쥐의 큰 몸(성체 크기 곰쥐 15~20센티미터, 시궁쥐 22~30센티미터)과 공격성 때문일 것이다. 알비노 래트의 가축화는 1800년대에 미국와 유럽에서 개 사냥 게임에 쥐를 미끼로 사용하면서 시작되었다. 당시 일부 사람들이 흰 쥐를 선택해서 기르기 시작했다.

동물실험으로 희생되는 동물을 위한 윤리기준이 있다. 3R

원칙. 최대한 비동물실험으로의 대체Replacement, 사용 동물의 수 축소Reduction, 불가피하게 동물실험 진행 시 고통의 완화 Refinement가 그것이다. 이런 기준을 갖고 실험동물을 윤리적으로 사용하라는 의미인데 지나치게 광범위한 개념이다.

2017년 여름 날, 책공장더불어 김보경 대표가 실험용으로 사용한 래트를 안락사한다는데 입양이 가능하겠냐는 전화가 걸려왔다. 감염 실험이 아니라면 문제가 되지 않고, 독일에서는 실험실 래트들이 입양된다는 사실을 알고 있었기에 은근슬쩍 등을 떠밀었다. 그렇게 실험실 래트들의 새 삶이 시작되었다.

구름과 별이는 몸길이 30센티미터, 꼬리 길이 30센티미터다. 글을 보는 순간 충격을 받았다. 나는 내가 실험동물에 대해 꽤 안다고 생각했다. 마우스, 래트, 토끼, 개, 기니피그를 실험동물로 만났고, 안락사의 순간마다 눈물범벅이 되어 사체 하나하나를 쓰다듬어 보내며 다음엔 사람으로 태어나라 기도했었다. 실험동물에게 늘 최선을 다해 마음을 주고, 말을 걸고, 케이지에서 꺼내 놀아주었다. 그런데 구름과 별의 글을 읽으면서 내가 실험실에서 만난 래트는 모두 새끼였음을, 나는 성체인 래트를 한 번도 본 적이 없음을 알았다.

수의대생인 내가 본 알비노 래트는 골든햄스터보다 큰, 손바닥만 한 크기였다. 내가 안락사한 래트도 그랬다. 처음 시도한 안락사에 실패해 공포에 떠는 아이를 보며 충격을 받아서 고통

없이 단번에 숨을 끊는 방법을 연습했다. 동물을 살리는 법을 배우기 전에 죽이는 법을 먼저 훈련받았다. 래트를 안락사했을 때 급격하게 사체가 뜨거워졌다. 죽음이 다 그런 줄 알았는데 나중에 자연사로 죽은 동물들을 보니 그렇지 않았다. 나는 그 현상을 과학적으로는 추론하지 못했지만 '생명의 강제 소멸상태에서 일시적으로 일어나는 발화 현상'이라고 개인적으로 이름 붙였다.

실험 후 동물을 안락사시키는 게 점점 견디기 어려웠다. 하얀 쥐, 사나운 쥐, 잘 따르는 쥐 등 많은 쥐가 여러 실험실에서 죽어 갔다. 어느 날 다른 실험실에서 어미와 함께 죽임을 당한 마우스 새끼들이 어미 옆에 옹기종기 붙어 누워 있는 것을 보았다. 죽을 때조차 제 새끼들 젖을 물리는 어미 쥐도 보았다. 엄마가 된 나는 지금 그 순간들이 트라우마로 남아 있다. 인턴으로 갔던 연구실에서 흰색 기니피그를 죽이는 것을 보고 집에 데려갈까 하다가 더 이상 못 견디겠어서 연구자가 되는 것을 포기했다.

그렇다고 연구자에게 화살을 돌릴 수 없다. 실험동물을 다루다 보면 우울증도 겪고, 그들 역시 처음에는 눈물 흘리다가 무뎌졌을 가능성이 크다. 따라서 구름과 별의 경우처럼 문제가 없다면 실험동물을 안락사하지 않고 입양 보내는 일이 빈번해지기를 바란다. 이런 시스템이 자리잡히면 생명을 구하는 것과 동시에 죄책감을 갖고 사는 연구자의 마음도 보호할 수 있다. 연구자 역시 마음의 소리를 소거하고 기계적으로 행동하는 태도를 지양해야 한다. 연구자의 태도가 달라지면 기관을 움직이는 힘이 될 것이다.

　최근에는 법적으로 실험동물 입양을 인정하고 있다. 2018년 개정된 『동물보호법』 23조 5항에 따르면 "… 정상적으로 회복한 동물은 분양하거나 기증할 수 있다."고 되어 있고, 2019년 농림축산검역본부는 실험견 입양 가이드라인을 제작하여 배포했다. 실험 종료 동물의 입양에 관한 이야기가 양지로 나온 것은 의미 있는 인식 변화다. 하지만 실험동물로 가장 많이 사용하는 설치류에 대해서는 언급이 없어서 아쉽다. 우리나라는 관계부처에서 가이드라인을 마련했지만 미국은 대학에서 사용한 실험동물(주로 개, 고양이) 입양에 관한 가이드라인을 마련하고 있고, 캐나다동물보호위원회Canadian Council on Animal Care에서는 래트도 건강한 개체는 입양이 가능하다고 명시하고 있다. 우리도 기관과 연구자들의 인식 변화, 기관들의 적극적인 입양 창구 마련과 홍보가 절실하다.

　우리는 실험실에서 죽어 가는 동물의 희생을 줄이기 위해 얼마나 노력하고 있을까? 수많은 동물의 죽음 위에 우리가 안전하게 삶을 영위하고 있는 것이라면 죽이지 않아도 되는 생명을 구하는 관용을 베풀자는 논의는 지속되어야 한다.

책공장더불어의 책

햄스터
햄스터를 사랑한 수의사가 쓴 햄스터 행복·건강 교과서. 습성, 건강관리, 건강식단 등 햄스터 돌보기 완벽 가이드.

동물에 대한 예의가 필요해
일러스트레이터인 저자가 지금 동물들이 어떤 고통을 받고 있는지, 우리는 그들과 어떤 관계를 맺어야 하는지 그림을 통해 이야기한다. 냅킨에 쓱쓱 그린 그림을 통해 동물들의 목소리를 들을 수 있다.

인간과 동물, 유대와 배신의 탄생 (환경부 선정 우수환경도서, 환경정의 선정 올해의 환경책)
미국 최대의 동물보호단체 휴메인소사이어티 대표가 쓴 21세기 동물해방의 새로운 지침서. 농장동물, 반려동물 산업, 실험동물, 야생동물 복원에 대한 허위 등 현대의 모든 동물학대에 대해 다루고 있다.

동물들의 인간 심판 (대한출판문화협회 올해의 청소년 교양도서, 세종도서 교양 부문, 환경정의 청소년 환경책 아침독서 청소년 추천도서, 학교도서관저널 추천도서)
동물을 학대하고, 학살하는 범죄를 저지른 인간이 동물 법정에 선다. 고양이, 돼지, 소 등은 인간의 범죄를 증언하고 개는 인간을 변호한다. 이 기묘한 재판의 결과는?

동물학대의 사회학 (학교도서관저널 올해의 책)
동물학대와 인간폭력 사이의 관계를 설명한다. 페미니즘 이론 등 여러 이론적 관점을 소개하면서 앞으로 동물학대 연구가 나아갈 방향을 제시한다.

동물주의 선언 (환경부 선정 우수환경도서)
현재 가장 영향력 있는 정치철학자가 쓴 인간과 동물이 공존하는 사회로 가기 위한 철학적·실천적 지침서.

동물을 위해 책을 읽습니다 (한국출판문화산업진흥원 출판 콘텐츠 창작자금지원 선정)
우리는 동물이 인간을 위해 사용되기 위해서만 존재하는 것처럼 살고 있다. 우리는 우리가 사랑하고, 함께 입고 먹고 즐기는 동물과 어떤 관계를 맺어야 할까? 100여 편의 책 속에서 길을 찾는다.

동물을 만나고 좋은 사람이 되었다 (한국출판문화산업진흥원 출판 콘텐츠 창작자금지원 선정)
개, 고양이와 살게 되면서 반려인은 동물의 눈으로, 약자의 눈으로 세상을 보는 법을 배운다. 동물을 통해서 알게 된 세상 덕분에 조금 불편해졌지만 더 좋은 사람이 되어 가는 개·고양이에 포섭된 인간의 성장기.

사향고양이의 눈물을 마시다 (한국출판문화산업진흥원 우수출판 콘텐츠 제작지원 선정, 환경부 선정 우수환경도서, 학교도서관저널 추천도서, 국립중앙도서관 사서가 추천하는 휴가철에 읽기 좋은 책, 환경정의 올해의 환경책)
내가 마신 커피 때문에 인도네시아 사향고양이가 고통받는다고? 내 선택이 세계 동물에게 미치는 영향. 동물을 죽이는 것이 아니라 살리는 선택에 대해 알아본다.

묻다 (환경부 선정 우수환경도서, 환경정의 올해의 환경책)
구제역, 조류독감으로 거의 매년 동물의 살처분이 이뤄진다. 저자는 4,800곳의 매몰지 중 100여 곳을 수년에 걸쳐 찾아다니며 기록한 유일한 사람이다. 그가 우리에게 묻는다. 우리는 동물을 죽일 권리가 있는가.

순종 개, 품종 고양이가 좋아요?
사람들은 예쁘고 귀여운 외모의 품종 개, 고양이를 좋아하지만 많은 품종 동물이 질병에 시달리다가 일찍 죽는다. 동물복지 수의사가 반려동물과 함께 건강하게 사는 법을 알려준다.

개에게 인간은 친구일까?
인간에 의해 버려지고 착취당하고 고통받는 우리가 몰랐던 개 이야기. 다양한 방법으로 개를 구조하고 보살피는 사람들의 아름다운 이야기가 그려진다.

고양이 질병에 관한 모든 것
40년간 3번의 개정판을 낸 고양이 질병 책의 바이블. 고양이가 건강할 때, 이상 증상을 보일 때, 아플 때 등 모든 순간에 곁에 두고 봐야 할 책이다. 질병의 예방과 관리, 증상과 징후, 치료법에 대한 모든 해답을 완벽하게 찾을 수 있다.

우리 아이가 아파요!
개·고양이 필수 건강 백과
새로운 예방접종 스케줄부터 우리나라 사정에 맞는 나이대별 흔한 질병의 증상·예방·치료·관리법, 나이 든 개, 고양이 돌보기까지 반려동물을 건강하게 키울 수 있는 필수 건강백서.

개·고양이 자연주의 육아백과
세계적인 홀리스틱 수의사 피케른의 개와 고양이를 위한 자연주의 육아백과. 50만 부 이상 팔린 베스트셀러로 반려인, 수의사의 필독서. 최상의 식단, 올바른 생활습관, 암, 신장염, 피부병 등 각종 병에 대한 대처법도 자세히 수록되어 있다.

개 피부병의 모든 것
홀리스틱 수의사인 저자는 상업사료의 열악한 영양과 과도한 약물사용을 피부병 증가의 원인으로 꼽는다. 제대로 된 피부병 예방법과 치료법을 제시한다.

유기동물에 관한 슬픈 보고서
(환경부 선정 우수환경도서, 어린이도서연구회에서 뽑은 어린이·청소년 책, 한국간행물윤리위원회 좋은 책, 어린이문화진흥회 좋은 어린이책).
동물보호소에서 안락사를 기다리는 유기견, 유기묘의 모습을 사진으로 담았다. 인간에게 버려져 죽임을 당하는 그들의 모습을 통해 인간이 애써 외면하는 불편한 진실을 고발한다.

유기견 입양 교과서
보호소에 입소한 유기견은 안락사와 입양이라는 생사의 갈림길 앞에 선다. 이들에게 입양이라는 선물을 주기 위해 활동가, 봉사자, 임보자가 어떻게 교육하고 어떤 노력을 해야 하는지 차근차근 알려준다.

버려진 개들의 언덕 (학교도서관저널 추천도서)
인간에 의해 버려져서 동네 언덕에서 살게 된 개들의 이야기. 새끼를 낳아 키우고, 사람들에게 학대를 당하고, 유기견 추격대에 쫓기면서도 치열하게 살아가는 생명들의 2년간의 관찰기.

개가 행복해지는 긍정교육
개의 심리와 행동학을 바탕으로 한 긍정교육법으로 50만 부 이상 판매된 반려인의 필독서. 짖기, 물기, 대소변 가리기, 분리불안 등의 문제를 평화롭게 해결한다.

임신하면 왜 개, 고양이를 버릴까?
임신, 출산으로 반려동물을 버리는 나라는 한국이 유일하다. 세대 간 문화충돌, 무책임한 언론 등 임신, 육아로 반려동물을 버리는 사회현상에 대한 분석과 안전하게 임신, 육아 기간을 보내는 생활법을 소개한다.

노견 만세
퓰리처상을 수상한 글 작가와 사진 작가가 나이 든 개를 위해 만든 사진 에세이. 저마다 생애 최고의 마지막 나날을 보내는 노견들에게 보내는 찬사.

후쿠시마에 남겨진 동물들 (미래창조과학부 선정 우수과학도서, 환경부 선정 우수환경도서, 환경정의 청소년 환경책)
2011년 3월 11일. 대지진에 이은 원전 폭발로 사람들이 떠난 일본 후쿠시마. 다큐멘터리 사진 작가가 담은 '죽음의 땅'에 남겨진 동물들의 슬픈 기록.

후쿠시마의 고양이
(한국어린이교육문화연구원 으뜸책)
동일본 대지진 이후 5년. 사람이 사라진 후쿠시마에서 살처분 명령이 내려진 동물을 죽이지 않고 돌보고 있는 사람과 함께 사는 두 고양이의 모습을 담은 사진집.

동물과 이야기하는 여자
SBS 〈TV 동물농장〉에 출연해 화제가 되었던 애니멀 커뮤니케이터 리디아 히비가 20년간 동물들과 나눈 감동의 이야기. 병으로 고통받는 개, 안락사를 원하는 고양이 등과 대화를 통해 문제를 해결한다.

개.똥.승. (세종도서 문학 부문)
어린이집의 교사면서 백구 세 마리와 사는 스님이 지구에서 다른 생명체와 더불어 좋은 삶을 사는 방법. 모든 생명이 똑같이 소중하다는 진리를 유쾌하게 들려준다.

용산 개 방실이 (어린이도서연구회에서 뽑은 어린이·청소년 책, 평화박물관 평화책)
용산에도 반려견을 키우며 일상을 살아가던 이웃이 살고 있었다. 용산 참사로 갑자기 아빠가 떠난 뒤 24일간 음식을 거부하고 스스로 아빠를 따라간 반려견 방실이 이야기.

사람을 돕는 개 (한국어린이교육문화연구원 으뜸책, 학교도서관저널 추천도서)
안내견, 청각장애인 도우미견 등 장애인을 돕는 도우미견과 인명구조견, 흰개미탐지견, 검역견 등 사람과 함께 맡은 역할을 해내는 특수견을 만나본다.

치료견 치로리 (어린이문화진흥회 좋은 어린이책)
비 오는 날 쓰레기장에 버려진 잡종 개 치로리. 죽음 직전 구조된 치로리는 치료견이 되어 전신마비 환자를 일으키고, 은둔형 외톨이 소년을 치료하는 등 기적을 일으킨다.

고양이 그림일기
(한국출판문화산업진흥원 이달의 읽을 만한 책)
장군이와 흰둥이, 두 고양이와 그림 그리는 한 인간의 일 년 치 그림일기. 종이 다른 개체가 서로의 삶의 방법을 존중하며 사는 잔잔하고 소소한 이야기.

고양이 임보일기
《고양이 그림일기》의 이새벽 작가가 새끼 고양이 다섯 마리를 구조해서 입양 보내기까지의 시끌벅적한 임보 이야기를 그림으로 그려냈다.

우주식당에서 만나
(한국어린이교육문화연구원 으뜸책)
2010년 볼로냐 어린이도서전에서 올해의 일러스트레이터로 선정되었던 신현아 작가가 반려동물과 함께 사는 이야기를 네 편의 작품으로 묶었다.

고양이는 언제나 고양이였다
고양이를 사랑하는 나라 터키의, 고양이를 사랑하는 글 작가와 그림 작가가 고양이에게 보내는 러브레터. 고양이를 통해 세상을 보는 사람들을 위한 아름다운 고양이 그림책이다.

나비가 없는 세상
(어린이도서연구회에서 뽑은 어린이·청소년 책)

고양이 만화가 김은희 작가가 그려내는 한국 고양이 만화의 고전. 신디, 페르캉, 추새. 개성 강한 세 마리 고양이와 만화가의 달콤쌉싸래한 동거 이야기.

펫로스 반려동물의 죽음
(아마존닷컴 올해의 책)

동물 호스피스 활동가 리타 레이놀즈가 들려주는 반려동물의 죽음과 무지개다리 너머의 이야기. 펫로스(pet loss)란 반려동물을 잃은 반려인의 깊은 슬픔을 말한다.

강아지 천국

반려견과 이별한 이들을 위한 그림책. 들판을 뛰놀다가 맛있는 것을 먹고 잠들 수 있는 곳에서 행복하게 지내다가 천국의 문 앞에서 사람 가족이 오기를 기다리는 무지개다리 너머 반려견의 이야기.

고양이 천국
(어린이도서연구회에서 뽑은 어린이·청소년 책)

고양이와 이별한 이들을 위한 그림책. 실컷 놀고, 먹고, 자고 싶은 곳에서 잘 수 있는 곳. 그러다가 함께 살던 가족이 그리울 때면 잠시 다녀가는 고양이 천국의 모습을 그려냈다.

깃털, 떠난 고양이에게 쓰는 편지

프랑스 작가 클로드 앙스가리가 먼저 떠난 고양이에게 보내는 편지. 한 마리 고양이의 삶과 죽음, 상실과 부재의 고통, 동물의 영혼에 대해 써 내려간다.

인간과 개, 고양이의 관계심리학

함께 살면 개, 고양이와 반려인은 닮을까? 동물학대는 인간학대로 이어질까? 248가지 심리실험을 통해 알아보는 인간과 동물이 서로에게 미치는 영향에 관한 심리 해설서.

암 전문 수의사는 어떻게 암을 이겼나

암에 걸린 세계 최고의 암 수술 전문 수의사가 동물 환자들을 통해 배운 질병과 삶의 기쁨에 관한 이야기가 유쾌하고 따뜻하게 펼쳐진다.

채식하는 사자 리틀타이크
(아침독서 추천도서, 교육방송 EBS 〈지식채널e〉 방영)

육식동물인 사자 리틀타이크는 평생 피 냄새와 고기를 거부하고 채식 사자로 살며 개, 고양이, 양 등과 평화롭게 살았다. 종의 본능을 거부한 채식 사자의 9년간의 아름다운 삶의 기록.

대단한 돼지 에스더
(환경부 선정 우수환경도서, 학교도서관저널 추천도서)

인간과 동물 사이의 사랑이 얼마나 많은 것을 변화시킬 수 있는지 알려주는 놀라운 이야기. 300킬로그램의 돼지 덕분에 파티를 좋아하던 두 남자가 채식을 하고, 동물보호 활동가가 되는 놀랍고도 행복한 이야기.

개, 고양이 사료의 진실

미국에서 스테디셀러를 기록하고 있는 책으로 2007년 멜라민 사료 파동 등 반려동물 사료에 대한 알려지지 않은 진실을 폭로한다.

동물복지 수의사의 동물 따라 세계 여행
(한국출판문화산업진흥원 중소출판사 우수콘텐츠 제작지원 선정)

동물원에서 일하던 수의사가 동물원을 나와 세계 19개국 178곳의 동물원, 동물보호구역을 다니며 동물원의 존재 이유에 대해 묻는다. 동물에게 윤리적인 여행이란 어떤 것일까?

책공장더불어 http://blog.naver.com/animalbook 페이스북 @animalbook4 인스타그램 @animalbook.modoo

동물원 동물은 행복할까?
(환경부 선정 우수환경도서, 학교도서관저널 추천도서)

동물원 북극곰은 야생에서 필요한 공간보다 100만 배, 코끼리는 1,000배 작은 공간에 갇혀 살고 있다. 야생동물보호운동 활동가인 저자가 기록한 동물원에 갇힌 야생동물의 참혹한 삶.

고등학생의 국내 동물원 평가 보고서
(환경부 선정 우수환경도서)

인간이 만든 '도시의 야생동물 서식지' 동물원에서는 무슨 일이 일어나고 있나? 국내 9개 주요 동물원이 종보전, 동물복지 등 현대 동물원의 역할을 제대로 하고 있는지 평가했다.

동물 쇼의 웃음 쇼 동물의 눈물
(한국출판문화산업진흥원 청소년 권장도서, 한국출판문화산업진흥원 청소년 북토큰 도서)

동물 서커스와 전시, TV와 영화 속 동물 연기자, 투우, 투견, 경마 등 동물을 이용해서 돈을 버는 오락산업 속 고통받는 동물들의 숨겨진 진실을 밝힌다.

숲에서 태어나 길 위에 서다
(환경부 환경도서 출판 지원사업 선정)

한 해에 로드킬로 죽는 야생동물은 200만 마리다. 인간과 야생동물이 공존할 수 있는 방법을 찾는 현장 과학자의 야생동물 로드킬에 대한 기록.

야생동물병원 24시
(어린이도서연구회에서 뽑은 어린이·청소년 책, 한국출판문화산업진흥원 청소년 북토큰 도서)

로드킬 당한 삵, 밀렵꾼의 총에 맞은 독수리, 건강을 되찾아 자연으로 돌아가는 너구리 등 대한민국 야생동물이 사람과 부대끼며 살아가는 슬프고도 아름다운 이야기.

똥으로 종이를 만드는 코끼리 아저씨
(환경부 선정 우수환경도서, 한국출판문화산업진흥원 청소년 권장도서, 서울시교육청 어린이도서관 여름방학 권장도서, 한국출판문화산업진흥원 청소년 북토큰 도서)

코끼리 똥으로 만든 재생종이 책. 코끼리 똥으로 종이와 책을 만들면서 사람과 코끼리가 평화롭게 살게 된 이야기를 코끼리 똥 종이에 그려냈다.

고통받은 동물들의 평생 안식처 동물보호구역
(환경부 선정 우수환경도서, 환경정의 올해의 어린이 환경책, 한국어린이교육문화연구원 으뜸책)

고통받다가 구조되었지만 오갈 데 없었던 야생동물의 평생 보금자리. 저자와 함께 전 세계 동물보호구역을 다니면서 행복하게 살고 있는 동물을 만난다.

물범 사냥
(노르웨이국제문학협회 번역 지원 선정)

북극해로 떠나는 물범 사냥 어선에 감독관으로 승선한 마리는 낯선 남자들과 6주를 보내야 한다. 남성과 여성, 인간과 동물, 세상이 평등하다고 믿는 사람들에게 펼쳐 보이는 세상.

동물은 전쟁에 어떻게 사용되나?

전쟁은 인간만의 고통일까? 자살폭탄 테러범이 된 개 등 고대부터 현대 최첨단 무기까지, 우리가 몰랐던 동물 착취의 역사.

토끼

토끼를 건강하고 행복하게 오래 키울 수 있도록 돕는 육아 지침서. 습성·식단·행동·감정·놀이·질병 등 모든 것을 담았다.

원고를 기다립니다
드러내어 기억하다 시리즈는 인간을 위해서 존재하다가 소리 없이 사라지는 동물들의 이야기입니다. 그들의 삶을 기억하기 위해 기록합니다. 이 시리즈에 적합한 원고라면 투고해 주세요. animalbook@naver.com

동물실험 후 안락사 직전 구조되다
실험 쥐 구름과 별

초판 1쇄 2022년 4월 4일

글·그림 정혜원

편집 김보경
교정 김수미

디자인 나디하 스튜디오(khj9490@naver.com)
인쇄 정원문화인쇄

펴낸이 김보경
펴낸 곳 책공장더불어

책공장 더불어
주소 서울시 종로구 혜화동 5-23
대표전화 (02)766-8406
이메일 animalbook@naver.com
블로그 http://blog.naver.com/animalbook
페이스북 @animalbook4
인스타그램 @animalbook.modoo

ISBN 978-89-97137-49-7 (03810)

*잘못된 책은 바꾸어 드립니다.
*값은 뒤표지에 있습니다.